安岡正泰＝監修

安岡正篤一日一言

心を養い、生を養う

致知出版社

まえがき

歳月は無常迅速《じんそく》で父が他界して早くも二十年以上の時が過ぎ去って、昨年（平成十七年）は二十三回忌を迎えた。没後道縁の方々からのご要望も強く数多くの父の著作や講義録がつぎつぎと新装復刊されてきた。

これは戦前戦後一貫した父の不易なる東洋教学の精神、活学追求の学風が大きな影響力として今日まで多くの方々の心の支えとして渇望され続けているからだと思う。しかし一方でよく安岡教学の核心とは何かの質問も受けるが、親子の情の世界に浸っていた不肖《ふしょう》の息子としては父の深遠な学識を精緻《せいち》に語るには残念ながら無力であることを恥じ入るばかりである。

それはさておき、父が青年時代から没するまでに書き続けた厖大《ぼうだい》な著作、講演資料の中から琴線《きんせん》に響く言葉を摘出してまとめることは容易なことではない。今回致知出版社の藤尾秀昭社長の熱意とお骨折りで父の活学精神から抽出した語録をとりあげて『安岡正篤一日一言』として出版されることになった。ぜひこの片言隻句《へんげんせっく》から安岡教学の真髄を汲《く》みとっていただきたい。

ところで父から「縁を大切に育てよ」と日常事あるごとに教えられてきた。これまでの半生を振りかえってみると、まことに多くの方々と善縁を結ぶことが出来、いかに縁によって助けられてきたかを痛感している。

とくに印象に残っている教は、本書七月二十六日分に収録されている聖徳太子の作といわれている『説法明眼論《せっぽうみょうげんろん》』の一節である。

「或《あるい》は一國に生れ、或は一郡に住み、或は一県に処《お》り、或は一村に処り、一樹の下に宿り、一河の流れを汲み、一夜の同宿、一日の夫婦、一所の聴聞《ちょうもん》、暫時《ざんじ》の同道、半時の戯笑《げしょう》、一言の会釈《えしゃく》、一坐の飲酒《おんしゅ》、同杯同酒、一時の同車、同畳同坐《どうじょういちが》、同床一臥、軽重《けいちょう》異るあるも、親疎《しんそ》別有るも、皆是《こ》れ先世《せんぜ》の結縁《けちえん》なり」

つまり、この心は同じ国、同じ地域に生まれ育ち、一日、半時の出合いで行動を共にするのも、すべて先世からの因縁、結縁であるから感謝し大切にしなければならないという縁のありがたさを最も端的に表している。これは茶道でいう「一期一会《いちごいちえ》」、一生にただ一度だけの出会いを大切にする心と同じであろう。この父から教えられた縁の大切さを今でも心に刻みこんでいる。

本書の内容は、前述のとおり安岡教学の本質をとらえた片言隻句をまとめたものであり、これを根幹にして己《おのれ》自身の人生に照応していかに生くべきかの参考として活読されんことを願ってやまない。

平成十八年五月吉日

安岡正泰

装幀――川上　成夫
編集協力――柏木　孝之

1月

六中観
忙中有閑
苦中有楽
死中有活
壺中有天
意中有人
腹中有書
甲寅正月　正篤

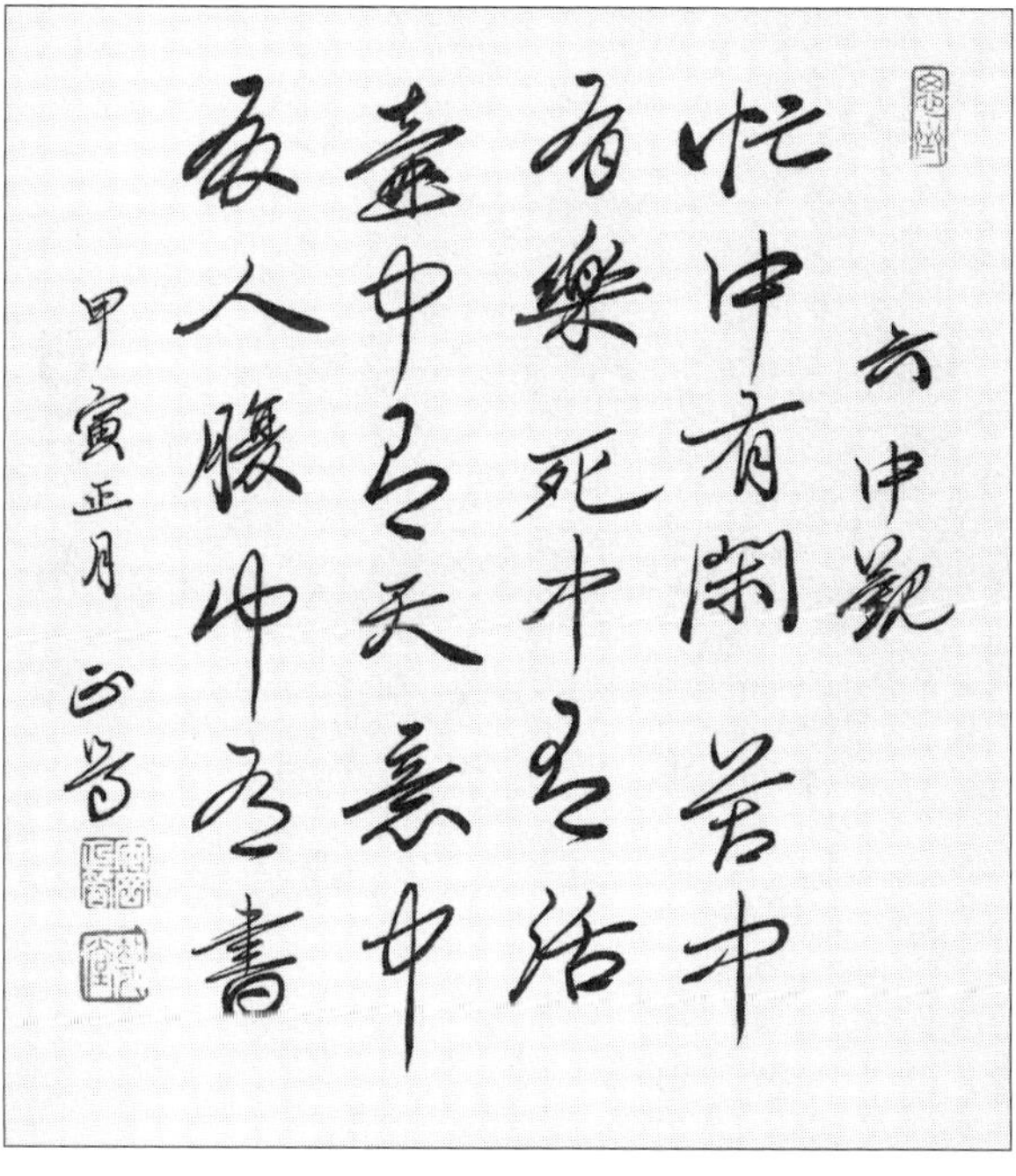

1日 年頭自警

一、年頭まず自ら意気を新たにすべし
二、年頭古き悔恨《かいこん》を棄《す》つべし
三、年頭決然滞事《たいじ》を一掃すべし
四、年頭新たに一善事を発願《ほつがん》すべし
五、年頭新たに一佳書を読み始むべし

2日 新鮮

人間は何事によらず新鮮でなければならない。ところがいかにすれば新鮮であり得るかといえば、やはり真理を学んで、真理に従って生活しなければいけない。もっと突っこんで言えば、人間としての深い道を学ぶ。正しい歴史伝統に従った深い哲理、真理を学び、それに根差さなければ、葉や花と同じことで、四季に従って常に魅力のある、生命のみずみずしさを維持してゆくことはできるものではない。

3日　機前　①

度会家行《わたらいいえゆき》の「類聚神祇本源《るいじゅうじんぎほんげん》」に

「志す所は機前を以《もっ》て法と為《な》し、行ずる所は清浄を以て先と為す」

と言っておる。

機前とは、一日で言うなら、日が出て鶏が鳴き出す、人間世界のいろいろな営みが始まる、こういう働きを機というから、その前で、暁であり早朝である。

4日　機前　②

一年では「神代のことも思はるる」という元旦。人間で言うなら幼児。地球でいえば混沌《こんとん》、太初《たいしょ》である。

夜明けは実に静寂で、光明で、清浄である。明るく、静けく、清い。伊勢神道はこれを本領とするもので、機前を以て心と為し、諸々の汚れや俗気を斥《しりぞ》けて、神氣を嘗《な》め、正直清浄を行ずるのである。

5日 新年の解

新という字を知らぬ者はない。然《しか》し新という字の真の意味を解する人は案外少い。元来この字は「辛」と「木」と「斤」との組合せである。

辛は努力を意味し、斤は木を斬《き》る「まさかり」、「大をの」であり、これで木をきること、それから「斤斤」といえば明らかに見わける、又いつくしむ（慈愛）の意がある。即《すなわ》ちよく木を愛し育て、それを努力して加工し、新――あらたなものにして活用するということを表すものである。

こんな深い正しい意味を知らないで「あたらしがりや」など、目先の変った、ものめずらしいということに軽々しく解するのは、とんでもないことである。

本当に新しくするのには大した用意と努力を要するわけで、新人などざらにあるものではない。年の始に勉強せねばならぬことは、先以《まずも》って自己をどう維新するかということである。

6日　活学のすすめ

学問というものは現実から遊離したものは駄目であって、どうしても自分の身につけて、足が地を離れぬように、その学問、その思想をもって自分の性格を作り、これを自分の環境に及ぼしてゆくという実践性がなければ活学ではない。われわれは今後本当に人間を作り、家庭を作り、社会を作る上に役立つ生命のある思想学問を興し、これを政治経済百般に適用してゆかなければならない。いわゆる実学、活学をやらなければならない。

7日　学ばざれば道を知らず

政治は民を養うことと同時に、民を教えることでなければならぬ。

殊《こと》に人の人たる所以《ゆえん》を考える時、教学の尊いことは言うまでもない。「学記」の名言に、「玉・琢《みが》かざれば器を成さず、人・学ばざれば道を知らず。是の故に古《いにしえ》の王者、国を建て、民に君たる、教学を先と為す」と説いている。

8日　挨拶の意味

挨拶《あいさつ》とはどういう意味かと申しますと、挨も拶も、直接の意味はぴったりとぶつかる、すれ合うということで、従って物を言うのに、相手の痛いところ、痒《かゆ》いところへぴったりと当たる、これが挨拶であります。

9日　元服の礼

人間は教育よろしきを得れば、知命、立命の教養を積めば、その人なりに大成する。それから先はいろいろの経験が加わって鍛《たん》錬陶冶《れんとうや》され、いわゆる磨きがかかるだけで、人そのものは十七、八歳でちゃんと出来る。満十五、十六歳で元服《げんぷく》の礼を行なった昔の人は、近代の科学的研究からみても実に正しい、妥当であるということが立証されている。

10日　二つの徳性

人生で一番大切なのは徳性である。その徳性の中で最も人間に大事なものは二つある。その二つはいち早くお誕生過ぎにはっきりと表われる。その一つは明暗ということで、心を明るくするということ。心を明るく持つということがまずもって一番大事なのです。その次は清潔、不潔ということです。浄不浄ということです。

11日　心の太陽

太陽の光に浴さなければ、物が育たないのと同じことで、人間の理想精神というものは心の太陽なのだ。理想に向かって情熱を湧《わ》かすということは、日に向かう、太陽を仰《あお》ぐということだ。これがないと人間のあらゆる徳が発達せず、したがって才知芸能も発達しない。

12日 大努力 ①

修養のしかたによっては、人間にはいかなる能力があるかわからぬほど貴い。研究すればするほど、人間の美質は発見せられ能力が発揮せられるのである。学校の成績は平均点が三十点でも四十点でも、それで己《おのれ》は駄目だと考えてはいけない。大いに有為有能の人材となる大理想を持ち大努力をせねばならぬ。

大努力をなすには、当然自ら苦しまねばならぬ。苦しんで開拓したものでなければ本物ではない。人並みの努力をしたのでは秀《すぐ》れた者にはなれない。

13日 大努力 ②

秀れた者となるためには、人の数倍の努力と苦労をしなければならない。人の寝るところは半分にし、人の食うところは半分くらいにしても、努力するところは人の十倍も二十倍もやるだけの元気がなければならぬ。

二十歳前後や三十歳前後は、いくら力《つと》めても疲労などするものではない。心身ともに旺盛《おうせい》な時である。まかり間違って病気になったり死んだりすれば、その時は天命と諦《あきら》めるのである。学徒が学問のために死ぬのは本望ではないか。

14日 偉大な自然人

人間はどこまでも亭々《ていてい》として聳《そび》ゆる野中の杉、尾上《おのえ》の松の如《ごと》く、すくすくと伸びていかなければならぬ。たえず枝を払い、懐《ふところ》をすかせ、花あれば花を間引き、実成れば実を間引き、絶えず努力すれば、偉大な自然人になることができる。

15日 熱血漢

幕末・明治の青年達には先輩に学ぼうという熱意があった。先輩達もそういう青年を非常に愛し、薫陶《くんとう》した。現代のように軽薄青年と無志操な老人が相寄ったところで、新時代の建設など出来るはずもない。

16日 自己鍛練の妙薬 ①

人間はどんなことが起っても、自由自在に対応出来る適応力を不断に養わなければいけない。それには絶えず自力を養成しなければならぬ。薬の力とか、医者の力とか、他物に依存して居《お》っては段々に自力が弱くなります。自然の体力、生命力が弱くなってしまいます。どんな代用品も自然の生命力に勝るものはありません。

17日 自己鍛練の妙薬 ②

身体ばかりではない。生理ばかりではない。精神、心理という意味に於《お》ける性理、命理もすべてそうです。

そんなことから、病弱とか、愚鈍であるとか、貧乏であるとか、多忙であるとかいうことは、逆に自分自身を鍛練する非常な妙薬、否、妙薬以上のものであります。

18日　孝　心

　人として生まれ出でた子がその親に対しておのずから催《もよお》す感恩報謝の情意を、実に「孝心」、あるいは単に「孝」と言う。孝こそは我々がその最も直接な造化に対する帰順合一であり、孝によって我々ははじめて真の意味における人となり、あらゆる道徳的行為はここより発する。真に孝は徳の本であり、教えのよって生ずるところである。

19日　独りを楽しむ

　真に自己を社会化するためには、常に自己を深めねばならぬ。真に人を愛するには、かえって独りを楽しむ者でなければならぬ。浅薄な利他と同情とは最も徳の賊《ぞく》である。

20日　王陽明の抜本塞源論　①

王陽明はいう。抜本塞源《ばっぽんそくげん》ということが明白にならぬと、天下は到底救われない。人間は私があるのと、欲に蔽《おお》われるために、段々小さくなり、頑《かたく》なになり、終《つい》には親子兄弟の間まで仇讐《きゅうしゅう》の様になる者も出てくる。そこで聖人は天下を教えて、私は克《か》ち蔽《へい》を去らせ、総《すべ》ての人間に共通の心の本体に復《かえ》らせようとするのである。誰も初めからそんなに間違っているのではない。皆斉《ひと》しく天地万物一体の仁を具《そな》えているものだからである。

21日　王陽明の抜本塞源論　②

その教を要約すれば、ややもすれば見失い易い道心を把握して、人倫を厚くすることに過ぎない。根本はここにあって、学問ということもこの事を出るものではなくただ親に孝に、その長に弟に、心体の同然に復《かえ》らせるにあるのである。それは元来人々本具のもので外から借りてくる必要のないもの、誰にも出来ることなのである。

22日 人物の見分け方 ①

「大事・難事には担当を看《み》る。逆境・順境には襟度《きんど》を看る。臨喜・臨怒には涵養《かんよう》を看る。群行・群止には識見を看る」

これは呂新吾《ろしんご》の呻吟語《しんぎんご》に出てくる言葉であるが、大事難事がおこったときは、人の担当力を看るだけではなく、自分自身がどう対処し得るかと内省する意味がある。

逆境順境に襟度を看るは、襟は心であり、度は度量である。

23日 人物の見分け方 ②

臨喜臨怒に涵養を看るは、喜びや悲しみに際して恬淡《てんたん》としているとか、どんなに怒るかと思っていると悠揚《ゆうよう》としているなど、平生《へいぜい》深く養っておればそれが出ることだ。

群行群止とは、大勢の人間と一緒の行動をしているとき、その人の識見が現われることをいう。

24日 幸と福 ①

「さいわい」にも幸と福（福）と二字ある。学問的にいうと、「幸」というのは幸いの原因が自分の中にない、偶然的な、他より与えられたにすぎない幸いを幸という。たまたまいい家庭に生まれたとか、思いがけなくうまいめぐり合わせにぶつかったとかいう、これは幸。これは当てにならない。

25日 幸と福 ②

そうではなくて原因を自己の中に有する、即《すなわ》ち自分の苦心、自分の努力によってかち得たる幸いを「福」という。福という字がそれをよく表しておる。示偏《しめすへん》というのは神さまのことだ。示というのは上から光がさしている、神の光、叡智《えいち》の光を表す。旁《つくり》は「収穫を積み重ねた」という文字だ。農家でいうならば俵《たわら》を積み上げるという文字。神の前に蓄積されたるものが「福」である。

26日　健康の三原則

第一に心中常に喜神を含むこと。
（神とは深く根本的に指して言った心のことで、どんなに苦しいことに逢っても心のどこか奥の方に喜びをもつということ。）

第二に心中絶えず感謝の念を含むこと。

第三に常に陰徳を志すこと。
（絶えず人知れず善《よ》い事をしていこうと志すこと。）

27日　学問は人間を変える

学問は人間を変える。人間を変えるような学問でなければ学問ではない。その人間とは他人のことではなくて自分のことである。他人を変えようと思ったならば、先《ま》ず自分を変えることである。

28日 読書百遍

私は数えで六十四歳だが、七歳のときに四書――『大学』『中庸』『論語』『孟子』の素読を始めてから、もう五十七年も本を読んでいるわけだ。そうすると思想的な書物、精神的な書物は、手に取って見ると、この本はいいとか、この本はだめだということを直覚する。読んでみてから、いい本だなと思うようでは、そもそも話にならない。勘が鈍い。

29日 応対の妙

人は応対によって、まず決まってしまう。武道などをやると、なおさらよくわかるのでありますが、構えた時に本当は勝負がついている。やってみなければわからない、などというのは未熟な証拠であります。

30日　六中観

忙中閑《かん》有り
　忙中に摑《つか》んだものこそ本物の閑である。
苦中楽有り
　苦中に摑んだ楽こそ本当の楽である。
死中活有り
　身を棄《す》ててこそ浮ぶ瀬もあれ。
壺中《こちゅう》天有り
　どんな境涯でも自分だけの内面世界は作れる。どんな壺中の天を持つか。
意中人有り
　心中に尊敬する人、相ゆるす人物を持つ。
腹中書有り
　身心を養い、経綸《けいりん》に役立つ学問をする。

　私は平生窃《へいぜいひそ》かに此《こ》の観をなして、如何《いか》なる場合も決して絶望したり、仕事に負けたり、屈託したり、精神的空虚に陥らないように心がけている。

31日 一燈照隅 万燈照国

要するに、少数の真剣な求道者のみが時勢の運命を徹見《てっけん》し、社会を善導することができるのである。

能《よ》く一隅《いちぐう》を照《てら》す者にして始めて、能く照衆・照国することもできるのである。

微力《びりょく》をあきらめてはならぬ。

冷に耐え、苦に耐え、煩《はん》に耐え、また閑にも耐えて、激せず、躁《さわ》がず、競《きそ》わず、随わず、自強してゆこう。

同志諸賢の精進を万禱します。

東大阪市立孔舎衙小学校時代の安岡正篤。
中列左から二人目、洋装姿がひと際目を引く。

2月

日新
立命
正篤学人

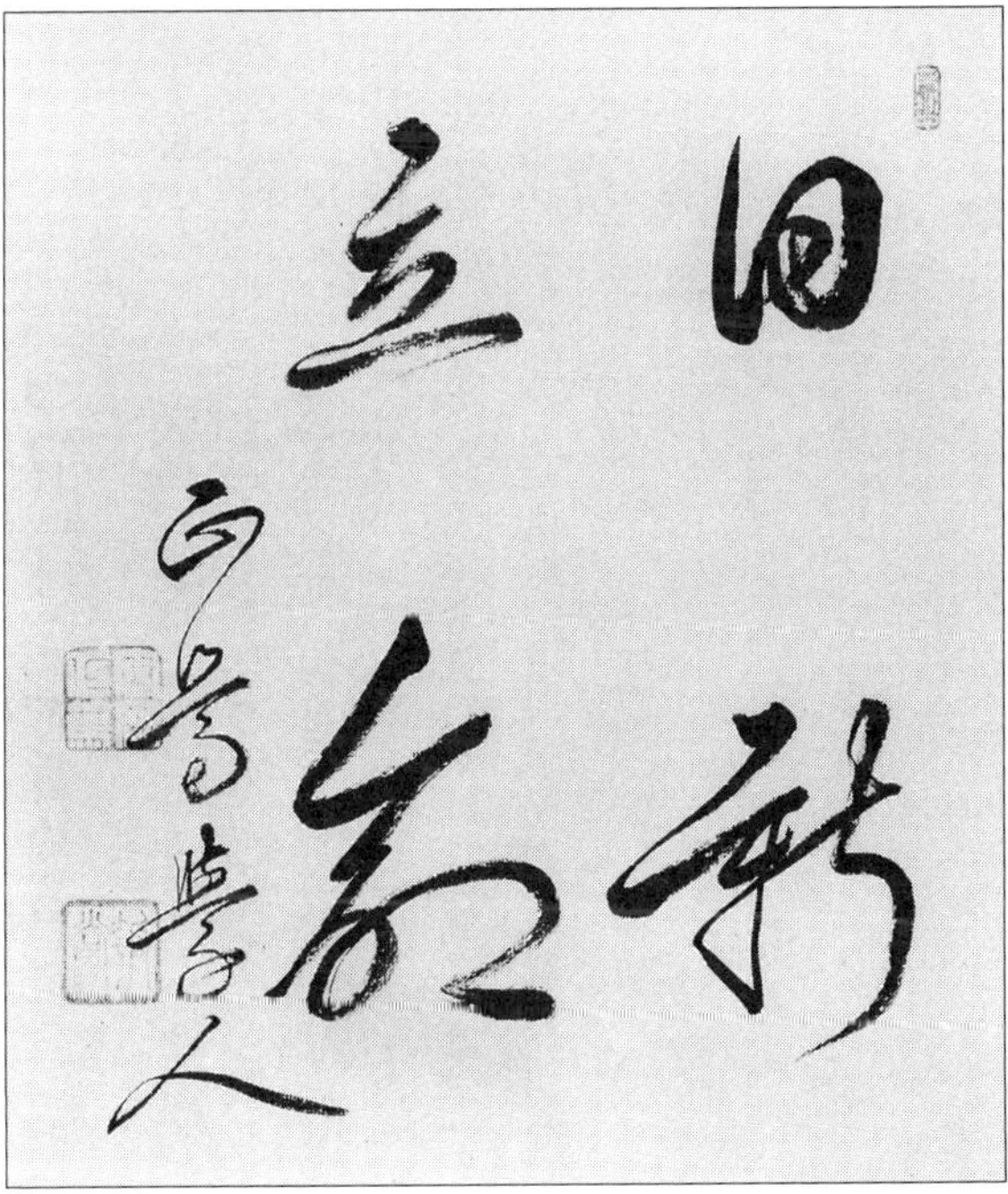

「日を新たに　命を立つ」（伊東正一氏所蔵）

1日 感激の生活

吾々の一番悪いこと、不健康、早く老いることの原因は、肉体より精神にあります。精神に感激性のなくなることにあります。物に感じなくなる、身辺の雑事、日常の俗務以外に感じなくなる、向上の大事に感激性を有《も》たなくなる、これが一番いけません。無心無欲はそういう感激の生活から来るもので、低俗な雑駁《ざっぱく》から解脱《げだつ》することに外なりません。

2日 学んで覚める

人間、学ばないというと、つまらぬことにどこまでも迷って、ぼんやりと眠っておるのと同然、何もわからない。しかし、学べば星が輝いておるように心中明るく冴《さ》える。学んでも覚めなければこれは学ばざるにひとしい。まず自ら反《かえ》って覚《さと》ろうではないか。

3日 君子も人を悪む ①

君子も人を悪《にく》むことがあるかと子貢《しこう》にきかれて孔子は「悪むことがある。人の悪を称する者を悪む。下に居て上を謗《そし》る者を悪む。勇にして礼無き者を悪む。そんな人は破壊と無礼に堕《だ》し易いからだ。果敢にして塞《ふさ》がる者を悪む。人の言葉に耳を傾ける雅量のない者のことである。」

世に道徳とは喜怒哀楽を一切しないことと考える人が多いが決してそうではない。

4日 君子も人を悪む ②

王陽明も「人生万変と雖《いえど》も、吾が之に應《おう》ずる所以《ゆえん》は喜怒哀楽の四者を出でず」と云《い》っている。如何《いか》に喜び、如何に怒り、如何に悲しみ、如何に楽しむかであって、人間が乾物のように無感動になることではない。

5日 知命・立命・天命 ①

実は自分を知り自力を尽くすほど難しいことはない。自分がどういう素質能力を天から与えられておるか、それを称して「命」と言う。それを知るのが命を知る、知命である。知ってそれを完全に発揮してゆく、即《すなわ》ち自分を尽くすのが立命である。命を知らねば君子でないという『論語』の最後に書いてあることは、いかにも厳しい正しい言葉だ。命を立て得ずとも、せめて命を知らねば立派な人間ではない。

6日 知命・立命・天命 ②

命とは先天的に賦与《ふよ》されておる性質能力であるから「天命」と謂《い》い、またそれは後天的修養によっていかようにも変化せしめられるものという意味において「運命」とも言う。

天命は動きのとれないものではなく、修養次第、徳の修めかた如何《いかん》で、どうなるか分からないものである。決して浅薄な宿命観などに支配されて、自分から限るべきものではない。

7日　考成

人間は考えてしなければ成功しない。考えてはじめて成すことができる。考成という語のある所以《ゆえん》である。

8日　本当の読書

読書して疲れるようではまだ本当でない。疲れた時読書して救われるようにならねばならぬ。

9日 敬する心 ①

人間が人間たる意義を求めるならば、先《ま》ず敬するという心を持つことである。人間が現実に留《とど》まらないで、限りなく高いもの、尊いもの、偉大なるものを求めてゆく、そこに生ずるのが敬という心である。この敬の心が発達してくると、必ず相対的に自分の低い現実を顧みてそれを恥ずる心が起る。

10日 敬する心 ②

フィヒテが児童教育を論じて、子供は家にあって愛だけで育つと思ったら大間違いで、愛と同時に敬を求める。従って、愛の対象を母に、敬の対象として父に求めていると痛論している。

人間が進歩向上する一番大切なことは敬する心を発達させることであり、それによって始めて恥を知ることが出来る。

11日　日本の危機の一原因

日本の行詰りは意外に速く且《かつ》だらしがなかった。その根本的な一原因は、戦後意外に速く復興し繁栄したのに気を好《よ》くして、世をあげて小《こ》の字のつく者がはびこったことである。小利口者、小才子、小ずるい輩《やから》から、小悪党など。然《しか》しこんな者のだめなことは今に始まったことではない。やはり、おっとりした、思慮あり、情ある、真面目《まじめ》で勤勉な、頼もしい人間でなければ人が好まない、信用しない。

これから日本人は心を入れかえて人間を修養し、生活を正し、事業を興さねば、益々危《あやう》くなると思う。

12日　為政者の条件

国家に於《おい》て、恰《あたか》もその人心に当るものは民衆であり、*為政者はその天理に該当する。為政者の政治を待って、始めて民衆は乱離を免《まぬか》れることが出来るのである。故に為政者は民衆と侔《ひと》しく人間であるが、絶対者（天）の徳を承《う》けて、民生を化育し、国家を興隆せしむべき理想活動の人、即《すなわ》ち国士でなければならぬ。

かかる本質上、為政者は先《ま》ず仁徳を具《そな》うることを要する。

＊為政者とはリーダーといいかえてもよいと思う。（監修者注）

13日 科学と哲学

「自然をいかに化するか」ということを考究するのを科学というならば、「人間をいかに化するか」ということを考えるのがいわゆる哲学である。本当に「化そう」と思ったら、やはり深い哲学や信仰を持たなければいけない。

14日 人を愛する

富や位や才智などは結局人の愛に値しない。要するに徳を補助するにすぎないものである。真に人を愛すればその人の徳を厚くするように仕向けてやるべきである。つまらぬ人間は、人を愛するにも一時の間に合わせ（姑息《こそく》）ですませる。金があれば金をやり、権力があれば利権を与え、それが愛する相手のためにどうなるかは深く考えない。

15日 大徳

「大徳」ほどこの人でなければ出来ぬという尊い使命がある。「大徳は命を受く」とはこの意味だ。又、大徳はそれ相当の位を得、禄を得、名を得、寿を得る。我々は我々に独特の命、位、禄、名、寿を自得すればよいのだ。

16日 後ろ姿

後ろ姿がしょんぼりしているのは、不徳であることを示しているのだ。怒り肩がいいのかと言うと、これもよろしくない。後光が差すというか、徳のある人は後ろ姿が凛々《りり》しく、元気であふれているのである。

17日 貴賤

世のため人のために役立つ意義・効果の偉大なるものほど、それは貴い職業であって、若《も》しそういう意味に於《お》ける内容が何もないとすれば、如何《いか》に生活が豊かに出来ても、これは賤《いや》しい職業と言わねばならんのであります。

と同時にそれに従事するのは人間でありいます。如何に貴い職業でも人によって賤しくなる。たとえ賤しい職業でも、人によっていくらでも貴くすることが出来る。従って貴賤は職業にあるのみならず、それは又人間にもあるということであります。

18日 すべては自分

本当の自分を知り、本当の自分をつくれる人であって、初めて人を知ることができる、人をつくることができる。国を知り、国をつくることもできる。世界を知り、世界をつくる事もできる。

19日 知か情か

人間には頭と胸と腹というものがある。よく昔の人は、「あれは腹ができておる」と言った。ところが若い人はよく「胸が熱くなる」とか「胸が痛くなる」と言う。ところが現代に近づくほどあまり腹とか胸とか言わなくなって、頭、あたまと言うようになった。これは時代の変遷をよく表している。頭（＝知）と、胸・腹（＝情あるいは情意）のどちらが人間にとって本質的であるか、どちらが根幹でどちらが枝葉であるかといえば、これは言うまでもなく情意である、頭ではない。

20日 機と経絡《けいらく》

人間に最も大切なものは「機」というものであります。これは人間のみならず、自然もすべて「機」に満ちている。したがって人生というものは、すべて「機」によって動いているといってよろしい。のんべんだらりとしたものではなくて、常にキビキビとした機の連続である。機というものは「つぼ」とか勘どころとかいうものであって、その一点ですべてに響くような一点を「機」という。そこで機を外すというと響かない、つまり活きない。人間の体もそういうつぼ、点で埋まっているわけであります。

21日 骨力とは何か ①

骨力《こつりょく》というのは人生の矛盾《むじゅん》を燮理《＊しょうり》する力です。この世の中は複雑なる矛盾《むじゅん》から成り立っているということができます。我々は鳥獣や魚を食って生きています。魚や鳥獣は人間に食われるために生きているのではない。それがすでに矛盾です。宗教的精神の盛んな人はそういう生活に堪《た》えずして、なるべく酒肉に遠ざかろうとします。

＊燮理とは、やわらげおさめること。

22日 骨力とは何か ②

さればといって、我々があまり矛盾に対する包容力がないというと、すっかり感傷的になってしまって、無限の創造であるところの宇宙に生活ができない。大いに創造的生活を求めんとすれば、矛盾を感ぜられることを包含して、これをおもむろに燮理して行かなければならぬ。その包容力、その忍耐力、反省力、調和力、そういうものを骨力というのであります。

23日 信　念

世間の毀誉褒貶《きよほうへん》が触れ得ないだけの深いものを自分に持たなければならぬ。

24日 不遇・逆境の用

いかなる所へ行っても、牢獄《ろうごく》へ入れられても、島流しにあっても、悠然《ゆうぜん》としてふだんと変わらないようになるのには、よほど自分を作らなければならない。そういう意味では、不遇・逆境というものは自己を練る最もいい場所だ。

25日 親を見れば

春早々あまり好い話ではないが、狂歌好きの中学先生が生徒に狂歌を教えて各自に作らせてみたものを一冊の単行本にして世に出したことがある。題して曰く、「親を見りゃボクの将来知れたもの。」その中にこんなのがある。

人なみに叱《しか》られてみたい時もある
俺の親爺《おやじ》は俺がこわいか　（中二男）

家庭とは父きびしくて母やさし
それで好いのだうちは違うが　（中二男）

心からすがりつこうとする時に
いつも父さん逃げてしまうよ　（中一女）

あんな人選んじゃだめよあなたはネ
体験がにじむ母の口癖　（中一女）

哀しさは勤めに出てのたまにする
母の話題のそのくだらなさ　（中三男）

みんなだめ顔とげとげでいらいらで
他人みたいなわが家一族　（中三女）

どれも痛いほど現実をつかんでおる。道は近きに在りの痛切な一例ではないか。

26日　現代信条

一、現代は大衆の時代である。然《しか》し我々は大衆に混じて自己を失うことの誤りと危険を知って、自ら修めることを念とする。

二、現代は組織の時代である。然し我々は組織の中のアトム（微分子）となる機械化を斥《しりぞ》けて、個性と自由を護持する。

三、現代はインスタント時代である。然し我々は人生・教養の久成と熟達を期する。

四、現代はレジャー時代である。然し我々は不善に流れることを戒めて、発憤努力する。

五、現代は国際主義時代である。然し我々は外国に迎合する軽薄を恥として、祖国と民族の向上と品威を尊重する。

27日 人間の第一義

名高い言葉に、how to do good（如何《いか》に善を為《な》すか）ということよりも、how to be good（如何に善であるか）ということの方が大事である、というのがありますが、人間の第一義は、何を為すかということではなくて、何であるかということである。

28日 人間の革命

世の中の法律や制度を如何《いか》に変えてみても、イデオロギーを如何に振り廻《まわ》してみても駄目である。人間そのものをなんとかしなければ、絶対に人間は救われない。

29日 節　義

「為《な》さざるあるなり、而《しこう》して後、以《もっ》て為すあるべし」（『孟子』離婁《りろう》章句下）

世の中がどうなっておろうが自分はこういうことはしないんだというのが、「為さざるあるなり」である。これは理性と意思の力によって初めてできる。つまり、だらしのない人間の欲望や興味にまかせる生活に一つの締めくくりを与える、節をつけることである。それで初めて人間に「道」というものが立つ、これを義という。これを結んで「節義」と言います。

大阪府立四條畷中学時代。後列中央。剣道部で主将を務めた。

3月

古教照心
心照古教
虎関
正篤学人書

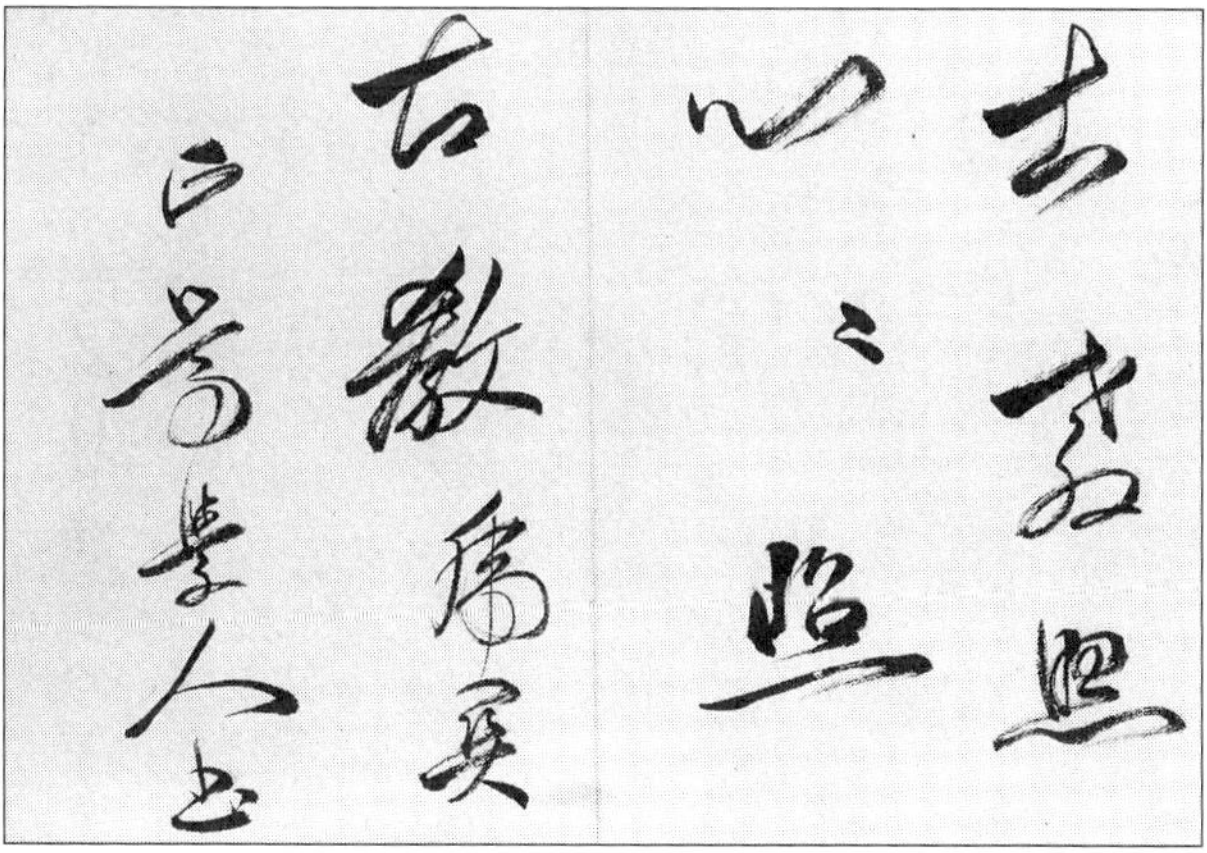

「古教　心を照らし　心　古教を照らす」――本に読まれるのではなく、自分が主体となって読む。そこではじめて生きた知識になる。これが活学というものである。

1日 初心を原《たず》ねる

何か生涯の大仕事をやり遂げて、そして人生の行路も終わった、即《すなわ》ち「功成り行満つるの士」はその末路を見る。これでやれやれなんて思うと、老いこんでしまったり、あるいは有頂天《うちょうてん》になって弛《ゆる》んでしまう。その反対に、行き詰まってしまって、勢も蹙《すぼ》まり、意気上がらぬ、どうにもこうにもぺしゃんこになってしまった人間は、そこでへこたれず、元気であった初心を原《たず》ねるが宜《よろ》しい。そうすれば、また新しく出かけることができる。

2日 進歩の源泉

人間の進歩というものは、偉大なる発明発見でも悟りでも、すべてインスピレーションとか感動から始まる。ただし感動するためには、我々の心の中に感受性がなければならない。感受性というものは、自分が充実しなければ出てこない。放心したり、自分が自分を忘れていたら、これはあるわけがない。

3日　女人五徳

女人に五徳というものがある。

第一は「平素人と争競《そうきょう》せず」。武家社会で婦人に社交を戒めたことには深い意味がある。とかく無教養な婦人ほど社交に出ると他人と比較争競したがるからだ。人と争い競わぬというのは男女を問わず大切な徳である。

第二に「苦難中怨言《えんげん》無し」。苦しみ悩みの中にあって怨《うら》み言を言わない。或《あ》る人が会社に辞表を出して帰って来た。妻に一言、「辞表を出したよ」と言うと、彼女は言下《げんか》に「それじゃまたお好きな魚釣りができますね」と言ったという。これは嬉しい。かくあるのが本当の女性だ。

第三は「飲食を節す」。これは美徳だ。牛飲馬食の女性ではいささか興が冷める。

第四が「事を聞いて驚喜せず」。激情を露《あらわ》にせずに、しっとり落着いているのがよい。

第五は「よく尊敬す」。何事によらず尊敬することを知るというのは貴い徳だ。人間はこれあるによって進歩する。

4日 但惜身命と不惜身命

お互いがこうして生きている。考えてみれば、これくらい不思議なことはない。この悠久なる時間と、この茫漠《ぼうばく》たる空間の中にあって、たまたま時と所を一にしてこうしているという、こんな不思議なことはないということがわかれば、この現実、この刹那《せつな》、この寸陰（わずかの時間）、この場、この身というものが、何よりも大事なのである。無限に愛惜《あいせき》すべきものになる。これを「但惜身命《たんじゃくしんみょう》」という。

それを把握するためには、取りとめのない日常の身命などは、値打ちがない。これは不惜身命《ふしゃくしんみょう》（身命を惜《お》しまぬ）である。

真に道を得るためには、それこそ不惜身命でなければならない。何が故に身命を惜しまぬかといえば、但惜身命——本当の身命というものを限りなく愛するからである。真の自己・真の存在というものを限りなく愛着するが故に、この取りとめない、はかない、迷える身命など、問題ではない。命がけで命を惜しむ。但惜身命なるが故に、不惜身命。不惜身命にして、但惜身命になる。

5日 運命の法則をつかむ

運命は動いて止まないが、そこにおのずから法則（数）がある。そこで自然界の物質と同じように、その法則をつかむと、それに支配されないようになる。自主性が高まり、創造性に到達する。つまり自分で自分の「命」を生み、運んでゆけるようになる。

6日 独

「独」というものは人の世から離れた、さびしい隠者の一人という意味ではなくて、「絶対」という意味だ。「独立」というものはなんら他に依存せず、自分自身が絶対的に立つということだ。

7日 信念と気節 ①

世をあげて利を競うに忙しい。

しかし各自の利害は、いつか、どこかで、必ず衝突する。

これを解決するものはやはり正義である。

正義はどうして決まるか。

利害関係の外に立つ、良心と達識とを持つ人々の、明察と公論による。

8日 信念と気節 ②

正義は往々《おうおう》自己の不利に見えるところが少なくない。

しかし結局、正義が真の利益である。

自ら信ずる正義の為に、不利はおろか、時には死をも辞せぬことが、人間の貴い道徳であり、権威である。

この信念と気節とが、一切の困迷を救って、国民の新運命を開く鍵《かぎ》である。

この信念と気節のある人々が国民の指導者に輩出《はいしゅつ》するほか、日本を救う道はない。

9日 人間の不幸

何ものにも真剣になれず、したがって、何事にも己《おのれ》を忘れることができない。満足することができない、楽しむことができない。したがって、常に不平を抱き、不満を持って何か陰口を叩《たた》いたり、やけのようなことを言って、その日その日をいかにも雑然、漫然と暮らすということは、人間として一種の自殺行為です。社会にとっても非常に有害です。毒であります。

10日 「知」と「行」

「知は行の始めなり。行は知の成るなり」という王陽明の説明がある。「知」というものは行ないの始めである。「行」というものは「知」の完成である。これが一つの大きな循環関係をなすものである。知から始まるとすれば、行は知の完成、そしてこれは行の始めが知だから、知というものは循環するわけです。本当に知れば知るほどそれは立派な行ないになってくる。知が深くなれば行ないがまた尊くなる。

11日 四十、五十にして聞こゆるなきは ①

世間的にはさして地位や名声がなくても、いわゆる名士・有名人でなくても、白らその環境の中で名が聞こえない、おるのやらおらぬのやらさっぱりわからない、お前おったのか、というようなことではつまらない。少しできた人間ならば世間はともかく、少なくともその仲間環境の中には必ず聞こえるものだ。

「四十、五十にして聞こゆるなきは（畏《おそ》るるに足らざるのみ）」というのはそういう意味だと解釈しても、私は少しも差し支《つか》えないと思う。またそれでよい。

12日 四十、五十にして聞こゆるなきは ②

名を天下に馳《は》せるなどということはあえて自ら欲すべきことではない。場合によっては親戚・縁者だけの間でもよい。いい叔父さんだよと言われるだけでよろしい。

大小は問わずどこかでやっぱり聞こえなければ、四十、五十になった値打ちはない。いい年をして、世間に出ても人からいやがられ、家に帰っても女房・子供からいやがられる、そんなことでは人間はダメである。

13日　第一流の人物　①

第一流の人物はどこか普通の人の型に嵌《はま》らぬものがなければならぬ。凡人の測り知れない多面的な変化に富んでいなければならぬ。天に通ずる至誠、世を蓋《おお》う気概と共に、宇宙そのもののような寂寞《せきばく》をその胸懐に秘めていてほしい。春日潜庵《かすがせんあん》は確かに当時人間の第一流である。

14日　第一流の人物　②

程明道《ていめいどう》は、自分は平生《へいぜい》多くの人に接するが「不雑」なる者が三人あるとて張横渠《ちょうおうきょ》と邵康節《しょうこうせつ》と司馬光《しばこう》とを挙げて、特に邵康節に対して「乱世の姦雄《かんゆう》にして道学の所得ある者」と評しているが、多面的な人豪《じんごう》というものを推賞し得て適切である。潜庵にもこの様な「不雑にして人豪」の風趣がゆかしく思い起されるのである。

15日 心・古教を照らす

鎌倉の虎関《こかん》禅師に「古教照心・心照古教」の言葉がある。古教・心を照らすことはまだ行うことができる。心・古教を照らすに到って、真の活学というべきだ。

16日 無心の読書

読書、思索は無心でやるのがよい。金剛経にいう「無住心」だ。ためにするところがあると、折角の読書、思索も害になる。少なくもわずらいとなる。

昔の学生は大部の書を読むことを一つの楽しみとし、誇りとした。「史記」や「資治通鑑《しじつがん》」などはその恰好の材料だ。よい意味での猛気《もうき》といってもいいが、この気魄《きはく》がないと学問もものにならない。

17日　利益と義理　①

佐藤一斎の言志後録に曰く
君子亦《また》利害を説く。利害は義理に本づく。小人亦義理を説く。義理は利害による。同じく云《い》う。眞の功名は道徳便《すなわ》ち是《これ》なり。眞の利害は義理便ち是なり。
君子――人格者、立派な教養のある人は、どうかすると利害などというものは説かないように誤解する者がある。人間に利害はつきもので君子も利害を説く。然《しか》し君子の説く利害は義理が根本である。

18日　利益と義理　②

義とは実践の法則であり、理とはその理由である。君子のいう本当の功名手柄は、人間としていかにあるべきかの道徳から出る。

つまり本当の利益というものは、義理にかなうものでなければならぬということである。

ところが世の中の利害というものは大抵義理に反して打算にはしる。これが問題である。

19日「成る」と「為す」

「やれるだけやる。そして成る様にしか成らぬ」。成るということの中に為《な》すということがあり、為すということの中に成るということがある。成るということは為すということ、為すということは成るということが分れば、命を知るというものだ。

20日 徳は得なり

「徳」というのを平たく初歩的に言うと、人間が自然から与えられているもの、即《すなわ》ち得たるところのもの、みな「徳」だ。だから「徳は得なり」という文字の註釈がある。天から、自然から、親から生んでもらって与えられたものはみな「徳」である。しかしその与えられたものの内容はいろいろで、その中の特に根本的なものを他のものに対して「徳」という。

21日　青年よ大望を持て　①

札幌農学校の名師クラーク去るに臨んで子弟に与えたる一語、世に知らざる者なし。而《しこうし》て多く其《そ》の片鱗《へんりん》を伝えて、全《まった》きを知らず。

Boys, be ambitious. Be ambitious not for money or for selfish aggrandizement, not for that evanescent thing which men call fame. Be ambitious for the attainment of all that a man ought to be.

22日　青年よ大望を持て　②

青年よ大望を持て。金銭や利己的誇負《こふ》の為《ため》ならず。世の人々の名誉と称するその実《じつ》虚《むな》しきことの為ならず。人として当《まさ》にしかあるべきあらゆることを達成せんとする大望を持つべしと。

かくありてこそ語に瑕疵《*かし》なきなり。

*瑕疵とはきず、欠点のこと。

23日 志士

志士とは畢竟《ひっきょう》、正しき意味に於《お》ける理想に生きる人の称である。貪生的《どんせいてき》意志 Wille Zum Leben の主体に非《あら》ずして、化育的《かいくてき》意志 Wille Zum Kulturleben の主体たる人の称である。万有を生成し化育する絶対者のいとなみである人間世界は、造化《ぞうか》の正統である志士の気を失して到底進歩有るを得ない。我等は先《ま》ず純粋なる意味に於《おい》て志士とならねばならぬ。

24日 力量

太い筆で細かい字を書く——これが人生を渉《わた》る秘訣だ。然《しか》しそれには充分の力量がなければならぬ。

25日 厳父と慈母

親兄弟は本能的、自然的、先天的関係である。そこが師弟や朋友の関係と違うところだ。一家の中では父は厳、母は慈、又は悲でなければならぬ。

26日 四つの誤り

今の世にはびこっている思想に、間違った思想が四種類ある。

第一は「詖辞《ひじ》」〈偏った議論〉、

第二に「淫辞《いん》」〈でたらめの議論〉、

第三「邪辞《じゃ》」〈胸に一物を持って言う邪《よこしま》な理屈〉、

第四「遁辞《とん》」〈責任回避の逃げ口上〉である。〔孟子〕

27日 陶冶する

最高の教育を受けた人間も、その後の自己陶冶《とうや》を欠《か》いては、立派な人間には成り得ない。ごく劣悪な教育も、自己陶冶によっては、なお改善され得るものである。

いかにも人間は陶冶次第です。「陶」というのは、焼物を造る、「冶」というのは、冶金《やきん》の冶で、金属を精錬することであります。土を粘《ね》り、焼いて、陶器を造る。鉄を鍛えて鉄器を造るようなもので、人間もやはり、焼きを入れ、鍛えるということをやらなければ、ものになりません。いくつになってもそうであります。

28日 陶鋳力

日本には世界中の飲食物がある。そして我々が食べても実際おいしいと思う。西洋人にはこれができない。他民族のものを食べると直《す》ぐ腹をこわす。この点日本人の胃の腑《ふ》は非常な包容力・消化力を持っている。山鹿素行《やまがそこう》に言わすと陶鋳《とうちゅう》力である。陶鋳力とは消化力・包容力を併《あわ》せた創造力をいう。仏教が来れば仏教、儒教が来れば儒教と、なんでも自由自在に消化してしまう。時には腹下りも中毒もやるが、いつの間にか日本化してしまう。

29日　小才と大才

小才が利くと、それで好い気になって、大才にならぬ。結局は、策士・策に倒るということになってしまう。むしろどちらかと言うと愚、少々頭も悪く、小才も利かぬような人間の方が、根が真面目なだけに、修養努力して大人物になることが多い。あいつは少し馬鹿だと言われる人間が、賢いなどと言われる人間の企《くわだ》て及ばぬ人物になる。

30日　脳の使い方

人間の脳というものは、いくら使ってもくたびれないばかりでなく、難しいことに使えば使うほど機能が優れてくる。つまらないことに使っておると退化する。だから子供はいくら早くてもよいから、難しいことを遠慮なく教えるが宜《よろ》しい。

31日

自分を責めよ

人間なにが悩みかというと、自分が自分を知らざることである。人を論じたり、世を論じたりすることはやさしいが、自分を論じ、自分を知るということは、実はこれが一番大事であるにかかわらず、なかなか難しいことである。

人間は、先《ま》ず自分を責むべきであって、世の中や時代を責むべきではない。世の中が悪い、時代が悪いというのならば、そういう時世に対して、一体自分はどれだけ役に立つのか、それをどう解釈し、それに対してどういう信念・情熱を持っているのか、よく自分を責めるがよい。

4月

少而学　壮而有為
壮而学　老而不衰
老而学　死而不朽
三学戒　佐藤一斎
後学　正篤録

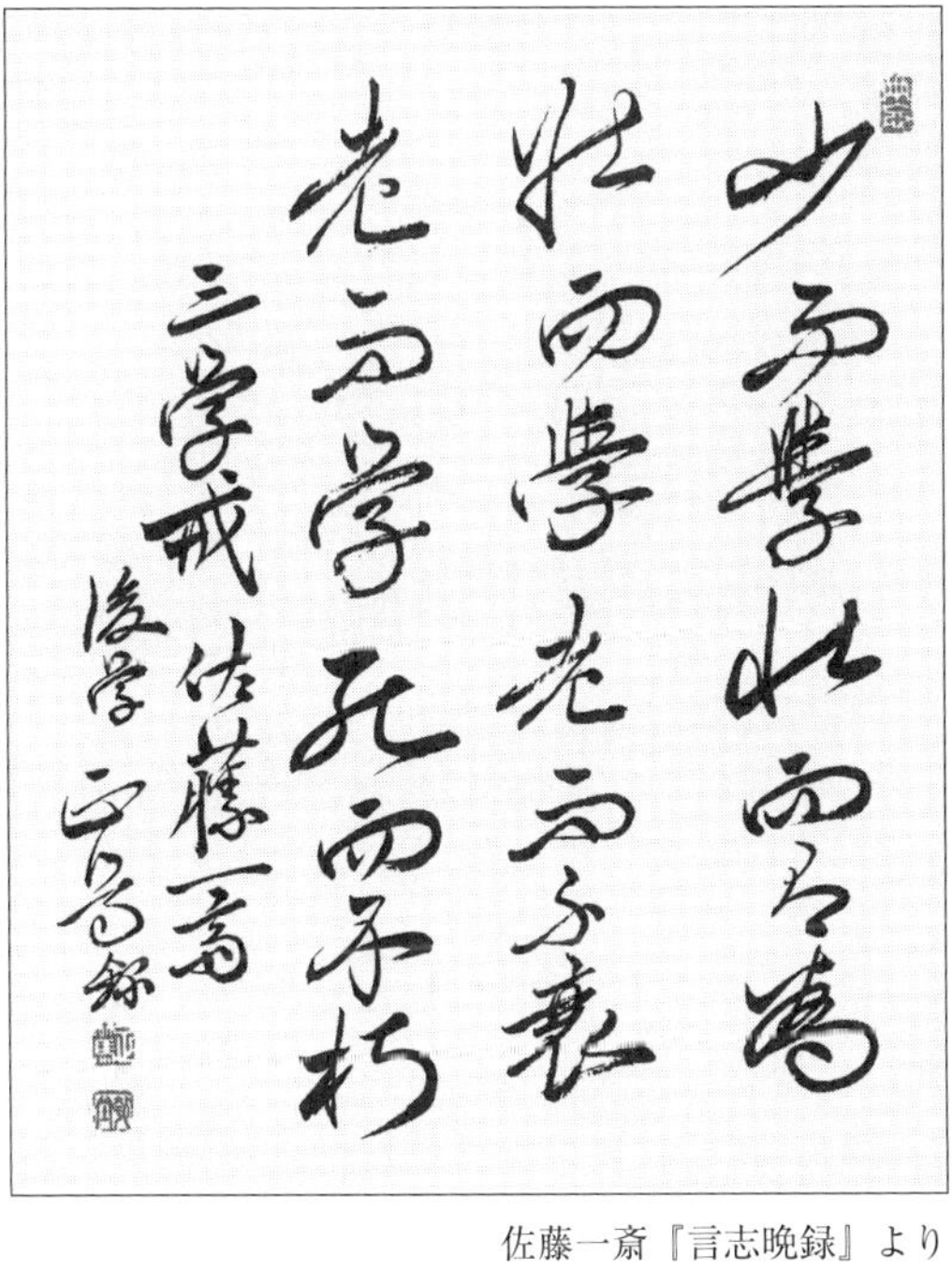

佐藤一斎『言志晩録』より

1日 理想を持つ

あらゆる面において生命力の旺盛《おうせい》な少年時代・青年時代には、必ずこれから先ああしてこうしてといろいろな考えを持つ。これを「理想」という。その理想が、その人間に照らしてあまり実現性がないという場合に、これは「空想」ということになる。その人間に実力があれば空想に非《あら》ずして、理想になる。だから理想を持つということは、これは人間生命の必然の作用であって、その理想をいかに空想に堕《だ》さしめざるかということが人間修行の一番大事な点である。

2日 教育の使命

人間が成長するということは、児童・少年の頃に与えられているところの自然的素質・能力をいかに深くするかということだ。それが教育の使命である。だから幼少年を研究してみると、人間というものはどういうものかということがはっきりわかる。

幼少年時代によく教育すると、十七、八歳で立派に人として大成する。幕末、明治の人物はみな二十歳前後で堂々たるものです。

3日　三学戒

少《わか》くして学べば壮にして為《な》すあり。壮にして学べば老いて衰えず。老いて学べば死して朽ちず。

（佐藤一斎　言志晩録）

若い者の怠《なま》けて勉学せぬ者を見る程不快なものはない。ろくな者にならぬことは言うまでもないが、まあまあよほどのろくでなしでなければそれ相応の志くらいはあるものである。

壮年になると、もう学ばぬ、学ぼうとせぬ者が随分多い。生活に逐《お》われてだんだん志まで失ってしまうのである。

そうすると案外老衰が早く来る。いわゆる若朽《じゃっきゅう》である。能《よ》く学ぶ人は老来ますます妙である。ただし学は心性の学を肝腎《かんじん》とする。雑学では駄目である。

細井平洲《へいしゅう》も敬重した川越在の郷長老、奥《おく》貫《ぬき》友山の歌に「道を聞く夕に死すも可なりとの言葉にすがる老《おい》の日暮し」と。

4日 朝

活きた時間というのは朝だけだ。言い換えれば本当の朝を持たなければ一日ダメだ。昔から優れた人で早起きできない人はいない。ただ人々が寝静まって、周囲が静かになった夜でなければ仕事ができないという人は別だが、常態では朝が一番大事だ。これを外したら一日ダラダラと無意味に終わってしまう。

5日 高邁な人

粗忽《そこつ》・がさつは最も人格の低劣を表す。高邁《こうまい》な人格はいかに剛健・活発にみえても、その人のどこかに必ずしっとりした落着きや静けさを湛《たた》えているものだ。

6日　師を持つ　①

若いあいだに、自分の心に理想の情熱を喚起するような人物を持たない、理想像を持たない、私淑《ししゅく》する人物を持たないのと持つのとでは大きな違いです。

なるべく若い時期にこの理想精神の洗礼を受け、心の情熱を燃やしたことは、たとえ途中いかなる悲運に際会しても、いかなる困難に出会っても、かならず偉大な救いの力となる。

7日　師を持つ　②

若いときにそういう経験を持たなかった者は、いつまでたっても日陰の草のようなもので、本当の意味において自己を伸ばすということができない。ことに不遇のときに、失意のときに、失敗のときにこの功徳《くどく》が大きいものです。

8日 日用心法 ①

第一、毎日の飲食を適正にやっているか。

第二、毎晩よく眠れるか。

第三、自分の心身に影響を与えているような悪習慣はないか。

第四、適当な運動をしているか。

第五、日常生活上の出来事に一喜一憂しやすくないか。

第六、精神的動揺があっても、仕事は平常どおり続け得るか。

第七、毎日の仕事に自分を打ち込んでいるか。

第八、自分は仕事にどれだけ有能か、自分は仕事に適するか。

9日 日用心法 ②

第九、現在の仕事は自分の生涯の仕事とするに足りるか。

第十、仮に自分の仕事がどうしても自分に合わぬ、自分の生活が退屈であるとすれば、自分の満足は何によって得るか。

第十一、自分が絶えず追求する明確な問題を持っているか。

第十二、自分は人に対して親切か、誠実か。

第十三、自分は人格の向上に資するような教養に努めているか。

第十四、特に何か知識技術を修めているか。

第十五、自分は何か信仰・信念・哲学を持っているか。

10日 勝縁を結ぶ ①

平生《へいぜい》からおよそ善《よ》い物・善い人・真理・善い教・善い書物、何でも善いもの・勝れているもの・尊いものには、できるだけ縁を結んでおくことです。これを勝縁といい、善縁といいます。

とにかく、折角善い人に会い、善い書を見、善い話の席につらなりながら、キョトンとしたり、欠伸《あくび》をしたり、そっぽを向いたりしている人間はだめであります。うつけ者です。

11日 勝縁を結ぶ ②

大体そういう人間なら、諸君は決して事を共にしてはいけない。そういう人間を友にしてはいけない。むしろ何でもないようなことでも、耳を傾けたり、眼を光らせる人であったら、何か見どころのある人間なのです。もちろん形骸《けいがい》は眠っておるようでも魂が輝いておる人もおりまして、凡眼ではなかなか見わけがつきません。

12日　本物は感化する

枝葉末節《しようまっせつ》のものほど、非常に移り変わりが激しいから影響力が大きくみえるが、それはまことに影であり響であって空しいものだ。直《す》ぐに消えてしまう。本質的なるものの影響は影響ではなくって、それはもう骨髄に入る。ものになる。身になる。身に附《つ》く。これは影響ではなくって感化と言う。

13日　人は環境を作る

環境が人を作るということに捉《とら》われてしまえば、人間は単なる物、単なる機械になってしまう。

人は環境を作るからして、そこに人間の人間たる所以《ゆえん》がある、自由がある。即《すなわ》ち主体性、創造性がある。だから人物が偉大であればあるほど、立派な環境を作る。人間が出来ないと環境に支配される。

14日　お辞儀の意義　①

たいていの人は、お辞儀というのは「相手に敬意を表する」ことと思っているが、それは第二義である。第一義は相手を敬するということではなくて、「自らを敬す」ということである。例えば仏典にお辞儀ということを説いて、「吾を以て汝《なんじ》を敬し、汝を以て吾を敬す」と言っている。つまりお辞儀をするということは「自分が相手に敬意を表すると同時に、相手を通じて自分が自分に対して敬意を表する」ことである。

15日　お辞儀の意義　②

鳥獣はお辞儀をするということを知らない。ということは、自らその真理、価値というものを尊重することを知らない。まだ精神生活が発達していない。人間になると初めてそれが発達してきて、お互いに挨拶《あいさつ》をする。お辞儀をするということは、お互いに相敬するということであり、自ら他に挨拶をするということは、同時に他を通じて自己を敬すということだ。そこにお辞儀というものの厳粛な意義がある。

16日 真剣と浮気

又つねの御すすめに云《い》う。往生《おうじょう》極楽をまめやかに思い入りたる人のけしきは、世間を一くねりうらみたる色にてつねにはあるなり云々《うんぬん》。

法然上人《ほうねんしょうにん》の言葉である。真剣と浮気とは正反対である。適切な例を引けば恋愛を考えるがよい。真剣に恋する女はわが恋人以外の世間の男一般は皆一向につまらない。一くねり世間の男を白眼視するようでなければ誠の恋ではないのである。上人のこの語、人の心をぴたりと摑《つか》むものがある。軽薄者の到底及ばぬところと思う。

小児の母を頼むは、またく故を知らずただのもしき心ある也。名号を信敬《しんきょう》せんこともかくの如《ごと》し。

涙ぐまれる言葉ではないか。

17日　恋　愛

いかなる異性に恋するかは自己人格と密接に関係する。すなわち自己の人物相応に恋する。故に人は恋愛によって自己を露呈《ろてい》するのである。

18日　本質と附属

人間には、これあるによって初めて人間であるという本質的要素と、必ずしもそうでない附属的要素との二つがある。古神道でいう、心が明るい、清い、汚れがない、人を愛する、人を助ける、人に報いる、精進する、忍耐する等々の徳性こそがその本質だ。これあるによって初めて人間となり得るのである。これに対して、智能や技能というものはあるにこしたことはない。確かに大事なものだけれども、それは特別の例外を除けば程度の差というべき附属的要素である。それよりも更《さら》に大切なのは、良い習慣、習性を持つことである。

19日 命を知る

命とは自己に発せる造化のはたらきである。命を知るとは、一方に於《お》いて真の自己に反《かえ》ること、他方に於て無限に真己《しんこ》を進歩させることでなければならぬ。

20日 命名

名前をつけるということは大事だ。だから、名前はおろそかにしてはいけないので「命名」と言う。「命」と言う字は絶対的という意味でいのちという。

だから非常な意味をもって付ける。子供なら「お前は大きくなったらお前の名の通り、この通りに修行すればいいんだよ」という意味でつけるのが、命名だ。

21日　六十にして六十化す

『淮南子《えなんじ》』に、「蘧白玉《きょはくぎょく》、行年五十にして四十九年の非を知り、六十にして六十化す」という名言がある。これは人間に通じて来ないとわからない。年をとるにつれて身に沁《し》む言葉だ。

人間は五十歳にもなれば或《あ》る程度人生の結論に達する。と同時に心のどこかに自らを恕《ゆる》す、肯定しようとする意志が働く。その時に「五十にして四十九年の非を知る」、今までの自己を一度否定することは、これは非常に難しい。

だが過去の非を知り、自分が自分に結論を下すことは、新たにやり直すことであって、五十になってやり直し、六十になればなったでまた変化する。いくつになっても溌剌《はつらつ》として維新してゆくことだ。

22日 世話役

なるべく人の世話役を心がけよ。そして、報《ほう》を望むな。求むるな。

23日 余裕

「千万人と雖《いえど》も吾往かん」と言った孟子が同時に別面において、「豈《あ》に綽々《しゃくしゃく》余裕有らざらんや」と言って余裕というものを論じておりますが、こういう乱世になればなるほど、われわれは余裕というものを持たなければならない。余裕があって初めて本当に物を考えることも出来る、本当に行動を起こすことも出来るわけです。殊《こと》に善人は神経が細いから、尚更《なおさら》本当の意味の余裕が必要であります。

24日

学問の四焉

学問には四焉《えん》の境地がある。

第一が修焉、之《これ》を修め、次に焉《これ》を蔵し、次の次に息焉、漢字の先生は之に「いこい」之に「やすみ」というふうに、学問研究の中に、ゆっくりと焦《あせ》らず入ることと説きますが、私はこれをその通り息（イキ）と解してよいと思うんです。之に息するとは、学問を人間の呼吸と同じようにするという意味です。

我々の息が健全であるように、学問も自然に乱れないことです。

最後は遊でありますが、漢民族の歴史は黄河の水をどう治めるかに終始しますが、その結論は、水の流れに下手に逆らわないで、ゆったりと遊ばせる優遊の境に到ったわけです。人間も気まま、わがままにゆき乍《なが》ら、矩《のり》を超えざる境地に到ることを理想としたのです。

25日 人物をみる八観法

一、**通ずれば其《そ》の礼する所を観る**
すらすらうまく行き出した時に、どういうものを尊重するかを観る。

一、**貴《たか》ければ其の進むる所を観る**
地位が上がるにつれ、其の登用する人間を見て人物が分かる。

一、**富めば其の養う所を観る**
金ができると何を養い出すか。

一、**聴けば其の行う所を観る**
善いことを聞いたら、それを実行するかどうかを観る。

一、**習えば其の言う所を観る**
習熟すればその人間の言うところを観る。

一、**止《いた》れば其の好む所を観る**
この「止」は板につくという意味。一人前に仕事ができるようになると、何を好むか。

一、**窮すれば其の受けざる所を観る**
貧乏したときに何を受けないかを観る。

一、**賤《せん》なれば其の為《な》さざる所を観る**
人間落ちぶれると何をするかわからない。だから為さない所を観る。

26日　親父の役割

人間はやはり、良心・霊性・魂にひびかなければ、何事も真の解決は出来ないのであります。

然《しか》もそういう純な心はもう二つ三つの幼児の頃から、子供は本能的に鋭敏に受け取ることが出来る。だから子供は言説で教えるよりも、情的に感じ取らせることの方が大事なのです。親父は千言万言を費やして説教するよりも、黙って子供に見せることであります。

27日　子供の気持ち

幼児は痲疹《はしか》よりももっと恐れや怒り、憎しみや冷淡に感染し易《やす》い。自分が好かれているか、嫌われているかということに、子供は食物と同様に反応する。一家の感情の中で自分の占めている立場をよく覚《さと》る。親の精神状態は直《じか》に子供に反応する。特に親の怒りは子供に大きな衝撃を与えます。

28日 真理は内在する

陽明は石槨《せっかく》を為り自ら誓って曰く、吾今惟《た》だ命（死）を俟《ま》つのみと。一夜霊感あり、夢幻《むげん》の間に人あって語る如《ごと》く、多年の疑問氷解し、大声を発し、躍り上って狂人の如くであった。

彼は始めて真理は我が外に在るものではなく、内在するもの（良知）であり、我を舎《お》いていたずらに理を事物に求むることの誤りを悟ったのである。根本義に於《おい》て彼は始めて人間の生に徹したのである。

この体験は主観にしても客観にしても単なる知性では到達出来ない。全生命を賭《か》けて始めて得ることの出来る体験である。

そしてこれはひとり東洋学道だけのものではない。今世紀の偉人シュバイツァーの生の大悟《たいご》にこれをみる。仏領アフリカのランバレネの上流イジェンジャ村で豁然《かつぜん》として、「生を貴ぶことが善の根本たる」悟りを得たという。

29日 遍参道楽

自然の到るところに名山大川があるように、古今東西、いろいろ英雄哲人碩学《せきがく》賢師がある。そういう尊い人、その教学を、生きている間にできるだけ遍参《へんさん》し、これを楽しもうという道楽趣味が私には非常にあるのであります。

30日 参学道

本当の学問や修養というものはこれは禅でも儒でも同様で、人間と人間、精神と精神、人格と人格が火花を散らす様にやる。これを参学道、参ずると言う。分かったのか、分からぬのか、ノートをとって、又それを受け売りする、などというような学問や学校勉強は、これは雑学・俗学というもので、所謂《いわゆる》学問・求道の中には入らない。

日本農士学校初期の神饌田田植式。前列左から検校・菅原兵治、研究主任・渡辺敏夫、後列左から院長・酒井忠正、東京府知事・香坂昌康、学監・安岡正篤、作家・吉川英治

5月

鳶飛
魚躍
正篤

『詩経』大雅早麓篇にある言葉。道の広大無辺かつ深遠なことを空を飛ぶ鳶と水底を泳ぐ魚の動きにたとえている。

1日　腎を養う　①

五月になったので思い出すことの一にこの事がある。

五労の一は多想心労。とりこし苦労が多すぎること。これは心臓を傷《いた》める。

二は多怒肝労。怒りが度重なると肝を痛める。

三は多思脾《ひ》労。考えごとが多いと脾が疲れる。脾臓は血液の浄化や調節を司どる大切な器官であるが、割合に人々はこれを知らない。

四は多悲肺労。悲しみが多いと肺を傷める。

五は多憂腎労。憂が多いと腎が疲れる。

2日　腎を養う　②

悲と憂とどう違うかと思う人々もあろう。これは相即《そうそく》（つきもの）ではあるが、どちらかというと、悲の方は過去につながり、憂の方は未来にわたるということができる。

そこで、特に春には脾を養い、夏には肺を養い、秋には肝を養い、冬には心臓を養い、四季を通じて最も腎を養う。つまり腎即《すなわ》ち身体の浄化装置を過労させぬこと、腎労・腎虚にせぬことである。

こういう心得が有ると無いとで人間一生どれほど違ってくるか測り知れぬものがある。

3日　根に返る

　とにかく人間というものは、栄えようと思ったならば、まず何よりも根に返らなければいけない。草木でも、本当に健《すこ》やかに繁茂《はんも》させようと思ったならば、いたずらに枝葉を伸ばしては駄目で、幹を逞《たくま》しくし、根を深く養わなければならない。根に返ることが大事である。

4日　気の帥

　志は精神の大統力である。すなわちこれ「気の帥《すい》」という。これ人の命であり、木の根であり、水の源である。もし志が立たねば精神は活動しない。

5日　父母憲章

一、父母はその子供のおのずからなる敬愛の的であることを本義とする。

二、家庭は人間教育の素地である。子供の正しい徳性とよい習慣を養うことが、学校に入れる前の大切な問題である。

三、父母はその子供の為に、学校に限らず、良き師・良き友を択《えら》んで、これに就《つ》けることを心掛けねばならぬ。

四、父母は随時祖宗《そそう》の祭を行い、子供に永遠の生命に参ずることを知らせる心掛けが大切である。

五、父母は物質的・功利的な欲望や成功の話に過度の関心を示さず、親戚交友の陰口を慎み、淡々として、専《もっぱ》ら平和と勤勉の家風を作らねばならぬ。

六、父母は子供の持つ諸種の能力に注意し、特にその隠れた特質を発見し、啓発することに努めねばならぬ。

七、人生万事、喜怒哀楽の中に存する。父母は常に家庭に在って最も感情の陶冶《とうや》を重んぜねばならぬ。

6日　家庭教育

いままで学校教育こそが教育だと思っておったが、しかしこのごろはヨーロッパでもアメリカでも、教育は学校がやると思っているのはよほど後《おく》れた人間でありまして、あらゆる教育家・教育学者は、

「教育はやっぱり家庭教育である。学校教育は家庭教育でできたものを受け取って、これに手入れをするところだ」

と考えている。日本のように、教育と言えば、子供をどんな手段を使っても学校へ入れるんだと考えているのは、文明国ではよほど後れておる。

7日　人間の価値

ずるいことをやったり、人を押しのけたりして、地位や財産をつくるのも人間の能力、知能の一つであります。それを使っていろいろのことができる。できるけれども、そんなことができても、これは人間としては少しも偉いことではない。社会的には偉いかも知れぬが、人間としてはむしろ恥《は》ずべきことであります。何を為《な》すか、何をしたかということと、彼はどういう人間か、如何《いか》にあるか、ということとは別である。

8日　器量と辞令

「あれは器量人だ」という言葉が通俗用語になっておりますが、これは人間の具体的存在を器という字で表現しているもので、人間の大きさ、深さを量《はか》る言葉として用いている言葉であります。

　あれは頭が良い、よく出来る。けれども人を容《い》れない。人を用いる量がない。深みがないなどといわれる人があります。度量、器量ということが良く考えられなければならないわけです。

　もう一つ人物の応対辞令という言葉がありますが、応対というのは、いろいろな問題に応じてきびきびと処理してゆくことであり、辞令とは事に対して自分の考えを適確に表現してゆくことです。

　この応対辞令は大変大事でありますが、俄《にわ》か仕立てではどうにもなりません。結局平素の修業に俟《ま》つほかはないのであります。

9日　三日書を読まざれば　①

黄山谷《こうさんこく》に次のような名高い語があります。

「士大夫《したいふ》三日書を読まざれば則《すなわ》ち理義胸中に交わらず。便《すなわ》ち覚ゆ、面目・憎むべく語言・味なきを」

書は聖賢の書。理義は義理も同じで、理は事物の法則、義は行為を決定する道徳的法則であります。大丈夫たるものは三日聖賢の書を読まないと、本当の人間学的意味における哲理・哲学が身体に血となり肉となって循環しないから、面相が下品になって嫌になる、物を言っても言語が卑《いや》しくなったような気がする――というのであります。

10日　三日書を読まざれば　②

本当の学問というものは、血となって身体中を循環し、人体・人格をつくる。したがって、それを怠《おこた》れば自ら面相・言語も卑《いや》しくなってくる。それが本当の学問であり、東洋哲学の醍醐《だいご》味《み》もまた、そういうところにあるわけであります。

11日　喜怒哀楽を学ぶ

よく人は学問とか修業とかいう事を間違って、喜怒哀楽をしなくなることだと誤解するが、決してそうではない。それでは学問・修業というものは非人間的なものになってしまう。学問を為《な》す要は、いかに喜び、いかに怒り、いかに哀《かな》しみ、いかに楽しむかというところにある。

12日　学問の目的

それ学は通《つう》の為にあらざるなり。窮《きゅう》して困《くる》しまず、憂《うれ》へて意《こころ》衰《おとろ》えざるが為なり。禍《か》福《ふく》終《しゅう》始《し》を知って惑《まど》わざるが為なり。〔荀子〕

通とは通達するということです。学問というものは決して出世や生活のための手段ではない。窮して悲鳴をあげたり、心配事のために直《す》ぐぺしゃんこになるようでは学とは言えない。何が禍であり何が福であるか、如何《いか》に始まり如何に終るか、ということを知って惑わざるが為である。

13日 母

明治初期に、儒者としてもクリスチャンとしても、又教育家文学者として典型的な君子人、中村敬宇《けいう》に「母」と題する名文がある。

「一母有り。四才児を携《たずさ》えて一牧師に問うて曰く、子を教うるは何才を以て始めと為《な》すかと。牧師對《こた》えて曰く、汝《なんじ》の笑顔の光、小児を照せしより、子を教うるの機會《きかい》始まると、嗚呼《ああ》、世、固《もと》より此《こ》の母の機會を失う如《ごと》き者多し。

今世の人、口を開けば輒《すなわ》ち文明と曰い、而《しこう》してその本原に昧《くら》し、余嘗《かつ》って謂《い》う、国政は家訓にもとづき、家訓の善悪は則《すなわ》ち、その母にかかわる。母の心情、意見、教法、礼儀は其《そ》の子他日の心情、意見、教法、礼儀なり。斯《ここ》に知る、一国の文明は、その母の文明に本づくことを。」

14日 道徳の本義

道徳というものは、非常に誤解されておりますが、その本義は、単なる動物的生活ではなくて、意識・精神・霊魂を持った高級な人間の生命活動を言うのであって、道徳によってはじめて人間は存在し、生活し、発達することが出来る。肉体で言うならば、飲食や呼吸と同じことであります。従って生命を抑圧したり、一つの型にはめたりするのは決して道徳ではない。

15日 慈悲の菩薩

私は子供の時からお地蔵さんが好きであった。年をとった今日でも旅の途次、ふと地蔵像を見かけると、足を停《と》めて拝《おが》む。

地蔵さんは釈迦《しゃか》仏《ぶつ》没して、彌勒《みろく》仏のまだ世に出でたまわぬ所謂《いわゆる》無仏時代に現れて、千体地蔵といわれるように、様々の形を取って、罪苦になやむ衆生《しゅじょう》を済《すく》わんと努力する慈悲の菩薩《ぼさつ》である。一王は発願《ほつがん》して早く成仏《じょうぶつ》せんことを望んだが、一王は発願して永く罪苦の衆生を救いたく、その為には自分が成仏できなくともよいとした、所謂悲願に徹したのが即《すなわ》ち地蔵菩薩である。地蔵さんほど衆生に親しまれているものはない。

16日　自然訓

一、人は一つの自然である。われわれは自然の如《ごと》く真実でなければならぬ。
一、自然はすこやか（健）である。われわれも常に怠《おこた》ることなく努めよう。
一、自然は造化である。われわれもかたくな（固陋《ころう》）にならず、一生自己を進化してゆこう。
一、自然は無限である。われわれも大海・虚空の如く心胸を開こう。
一、自然は円通である。われわれも万物一体の妙理を学んで安心立命を深めよう。

17日　入道

富貴《ふうき》の地位、つまり支配的・指導的地位にいつまでもしがみついているということは芳《かんば》しからぬことである。いい年になったら早く後継者にその地位・財産を譲って、真実の生活に入るべきものである。これを入道という。

18日 「困」という字

「困」という字は面白い。囲いの中に木を入れてある。木という物はぐんぐん伸びなければならない。それをこういう所へ入れてしまったら、これくらい木の困ることはない。つまり伸びられないというのが「困」という字である。閉じこめられてどうにも伸びようがない。頭を押さえられて伸びを止められてしまう。その苦しさを「困苦」というわけである。しかしこれはなかなか打開できない、難しい、これが「困難」。そうして縮《ちぢ》こまってしまうというのは、これは「困窮」。

19日 「恩」に生きる

口――環境と、大――人の手足を伸ばした相と、心とより成るものが「恩」の字です。何のおかげでこのように大きく存在しておるかと思う心が恩を知ることです。

われわれは天地の恩、人間の恩、道の恩、教えの恩など、あらゆる「恩」の中にあります。これに絶えず報いてゆくのが生活であります。

20日　死後に残るもの

一人物の死後に残り、思い出となるのは地位でも財産でも名誉でもない。こんな人だった。こういう嬉しい所のあった人だというその人自身、言い換えればその人の心・精神・言動である。このことが、人間とは何かという問の真実の答になる。

21日　成功は苦辛の日に

先賢が教えてくれている――愚はよく他の欠点を挙げるが、自己の欠点を知らない。話はうまいが、行いはつまらぬ。若い時はうかうかして過ぎ、壮時にはせかせか動き廻《まわ》り、老年には愚痴ばかりになり易い。正に、敗事は多く得意の時に因《よ》り成功はつねに苦辛の日に在る。やはり平生《へいぜい》能《よ》く道を聞くことだ。

22日 欲と耻 ①

自己の内面に満足なものを持たない者ほど外物に憧《あこが》れる。その外物が案外あてにならぬことを身に沁《し》みて覚《さと》るところから「道に入る」のである。衆人は財産とか地位とかを重んずる。まんざら衆人の仲間だけでは満足しないが、さりとてそれ程出来ても居《お》らぬ人物（下士）は文章とか芸術を重んずる。その上になると、何か功業を樹《た》て名声をあげることを重んずる。一番の人物（上士）は道徳を重んずるようになる。

23日 欲と耻 ②

耻《は》ずるというのは最も人間らしい心で、根本的な一徳であるが、親が在《いま》すのに貧窮するのは一の耻《はじ》。賢者登用の時世にあって用いられざるは二の耻。年老いて徳業のきこゆるなきは三の耻と呂新吾《ろしんご》が語っている。

24日 運命と宿命

宿命に任せたらそれこそ惨憺《さんたん》たるものである。ところが、それに手を加えると、まったく別な運命を打開することができる。それは、放っておけばどんな被害を生ずるかもしれない水を、うまく治山治水をやりさえすれば、逆にどんなに作物を潤《うるお》し、あるいは観光の人々の目を慰《なぐさ》め、いろいろの利益のあるものにすることができるものか、それと同じである。

25日 聞き上手の活学

話し上手より聞き上手ということがある。自分が接するあらゆる人から、その専門の智識体験をきき、わがものにすることが出来れば活学というべきだ。

26日 五悪

盗賊より悪質な五つの問題がある。

仕事がよく出来て、心険《けわ》しいものが一。

行が偏向して、しかも頑固《がんこ》なものが二。

言うことが実は偽で、しかも口が達者なのが三。

くだらぬことばかり覚えて、しかも博識であるのが四。

悪勢力に附《つ》いて、しかもよく恩を売るものが五。

（荀子《じゅんし》・宥坐《ゆうざ》）

いずれも世を乱るものである。

27日 五善

人として常に何が善かを問い、

親しい仲を問い、

礼儀を尽すことを問い、

政治の要を問い、

患難《かんなん》を問う。

（左伝・襄公《じょうこう》）

これ実に人間味豊かな五善である。

28日　五美

人を恵んで厭味《いやみ》なく、
労して怨《うら》みず、
欲して貪《むさぼ》らず、
泰《ゆた》かで驕《おご》らず、
威あって猛《たけ》からず――と。

（論語・堯曰《ぎょうえつ》）

人は誠にかくありたいものである。

29日　正道を知る

正道《せいどう》の手筋を聞かなければ、思いの外のことに遭《あ》って不覚をとる。人間の学問でもその通りであります。どれだけ才覚があっても、独学独習でやっておると、得てして自分免許になり勝ちで、思いの外の失敗をしでかすものであります。これは正道を知らぬからで、やはり人間はどうしても本筋の師匠について、本格の修業をしなければならない。

30日　傳家寶《でんかほう》

一、我が幸福は祖先の遺恵、子孫の禍福《かふく》は我が平生《へいぜい》の所行にあること、已《すで》に現代の諸学にも明らかなり。

二、平生、己《おのれ》を省み、過《あやま》ちを改め、事理を正し、恩義を厚くすべし。百薬も一心の安きに如《し》かず。

三、良からぬ習慣に狎《なれ》るべからず。人生は習慣の織物と心得べし。

四、成功は常に苦心の日に在り。敗事は多く得意の時に因《よ》ることを覚《さと》るべし。

五、事の前に在りては怠惰、事に当っては疎忽《そこつ》、事の後に於《おい》ては安逸《あんいつ》、是《こ》れ百事成らざる所以《ゆえん》なり。天才も要するに勤勉のみ。

六、用意周到なれば機に臨んで惑《まど》うことなし。信心積善すれば変に遭うて恐るることなし。

七、不振の精神・頽廃《たいはい》せる生活の上には、何ものをも建設する能《あた》わず。永久の計は一念の微にあり。

31日 真の教養

およそ真の教養とは、人類の有する偉大な著作に親しむことによって得るものです。そこで昔から優れた定評のある良い書物を少しずつ読むことであります。

人間としての教養の書、人としての哲学の書、修養の書というものを、注意して毎日たとえ三枚でも五枚でも、そういう書物を必ず読むようにする。いわゆる座右の書を持つということであります。

昭和初年頃、自宅庭にて。右より正篤、次男・正泰、妻・婦美子、長男・正明、長女・陽子

6月

貧賤之交
不可忘
糟糠之妻
不下堂

正篤

1日 緑のオアシス

要するに、人々が己《おの》れ一人を無力なもの、ごまめの歯ぎしりと思わず、如何《いか》に自分の存在が些細《ささい》なものであっても、それは悉く《ことごと》人々、社会に関連していることを体認して、まず自らを良くし、また自らの周囲を良くし、荒涼《こうりょう》たる世間の砂漠の一隅に緑のオアシスをつくることである。家庭に良い家風をつくり、職場に良い気風をつくれないような人間どもが集まって、どうして幸福な人類を実現できましょうか。

2日 青年の精神

おとなを恥じさせるような純真さ、若々しい情熱と気魄《きはく》、不羈奔放《ふきほんぽう》な理想と寝食も忘れる勉強ぶりと偉大な人物に私淑《ししゅく》し、万巻の書を読み、師友を求め、名山大川に遊び、酔生夢死《すいせいむし》にあきたらず、何か感激に死のうとするようなやむにやまれぬ魂こそ青年の尊い精神である。

3日　礼と義

総《すべ》て生きとし生けるものはみな体を具《そな》えている。

すなわち全体的存在なのであって、部分を雑然として集めたものではない。無数の部分から成り立っている全体である。

此《こ》の全体と部分、部分と部分との間柄が美しく調和している状態を「礼」という。私共の内臓の諸器官――胃とか腸とか、肺心臓というものが相依《よ》り相待って間然するところのない健康は、我々の体内での礼である。

そこで、自分にしろ、家にしろ、国家にせよ、全体を構成する部分が、その分本来の立場に於《お》いて、或《ある》いは他の部分に対して、如何《いか》に為《な》すべきやを問い出退することを「義」という。義は宜なりといわれる所以《ゆえん》である。

4日 敬は道

敬という心は、言い換えれば少しでも高く尊い境地に進もう、偉大なるものに近づこうという心である。したがってそれは同時に自ら反省し、自らの至らざる点を恥ずる心になる。省《かえり》みて自ら懼《おそ》れ、自ら慎み、自ら戒めてゆく。偉大なるもの、尊きもの、高きものを仰《あお》ぎ、これに感じ、憧憬《あこが》れ、それに近づこうとすると同時に、自ら省みて恥ずる、これが敬の心である。東洋では等しくこれを道と言う。

5日 人を観る

要するに人を離れて事は無い。為政者は天下の為に士を重んぜねばならぬ。

それではいかにしてその士を識ることが出来るか。人を観るには通常五の要点がある。すなわち容貌姿態《したい》、言語動作、衣裳服飾、＊気韻精霊《きいんせいれい》、＊風度温籍《ふうどうんしゃ》である。

但《ただし》容姿や言動や服飾は、要するに皮相な形而下《けいじか》の問題であり、又風度温籍は気韻精霊から自然に造詣《ぞうけい》すべきものであるから、結局、気韻精霊の一語に尽きる。

＊気韻精霊…気品・精神　＊風度温籍…人間としての格・度量の広さ・包容力

6日　眼識①

人間というものは妙なもので、内省を深めるようになると中味ができてきますから、自《おのずか》ら風采《ふうさい》、態度が変ってくる。即《すなわ》ち大分できてきたなということがわかる。

といってもわかるためにはこちらにも、即ち観る方にも学問がなければならぬ。学問をしなければ、人を観る目ができない、識見・眼識が生じない。あいつは財産がなんぼあるとか、何の役をしておるとか、いうようなつまらぬことは気がつくが、人間そのものについては全くわからない。

7日　眼識②

しかし学問をして、それがだんだん身についてくると、自然に本当のことがわかってくる。つまり人を観る目が違ってくるわけです。もっとももしじゅうつきあっておると、なかなかわかりませんが、しばらくぶりに遇《あ》ったりすると、これは大分勉強したとか、あまり進歩しておらぬとか、いう風に実に印象が新しくはっきり致します。人に会うのも、そういう意味でよい勉強になります。

8日　感激の対象

断えず熱中する問題を持つこと、即《すなわ》ち感激の対象を持つことだ。子供が大病の時、父母は飲食が咽喉《のど》を通らないということは、誰しもが経験することだ。これは固《もと》より好ましい場合のことではないが、この平凡な事実を好い方面に心掛ければいいのだ。人生は退屈することが一番いけない。断えず問題を持つ者が、精神的に勝利を占める。

世の中が斯《こ》うなると、真面目な者は往々すね者になる。すねると皮肉が出る。彼等に欠けているものは気魄《きはく》だ。ところが此《こ》の頃はすね者さえもいない。

9日　心花、静裡に開く

人間は改めて勉強する時とは別に思いがけない時、ふと目についた柱かけや扁額《へんがく》の文句などに、はっと心を打たれ、目をみはることが少くない。そしてそれが又、思いがけない時に思い出され、心の養いになり、決断の力になることもある。

先日友人の家で、心花静裡開――心花、静裡《せいり》に開くという額の文句を見て好い気分になり、主人の心胸をも窺《うかが》う気がして楽しかった。

10日 雨後の感

有　感　　山崎闇斎《あんさい》

坐憶天公洗世塵
雨過四望更清新
光風斉月今猶在
唯欠胸中洒落人

そぞろに憶《おも》ふ天公　世《せ》塵《じん》を洗ふを
雨過ぎて四望更《さら》に清新
光風霽月《せいげつ》　今猶《な》ほ在り
ただ缺《か》く胸中洒落《しゃらく》の人

徳川時代の儒学や神道に及ぶ時、山崎闇斎を語らぬ者はないが、大抵は窮屈千万な人の様に思っている。然《しか》し闇斎はそんな人ではなく仲々の豪傑である。この詩は雨後の感を詠《よ》んだものだが、この雨は天が、人間の世の中の塵《ちり》を洗った感があるというのである。

一雨サーっと過ぎた後、四方の眺めは一段と清新である。雨の後の青葉をゆるがす風と、塵を一洗した空の月は文字通り光風霽月で、今も在るがさてそんな心の人に至っては当今さっぱり見当らぬ。

11日　物知り

物知りというものは勿論《もちろん》結構、場合によっては面白い、或《あ》る種の値打ちもある。けれども、人間の本質的価値に何ものを加えるものでもない。況《いわん》や物知りを自慢にするなどというのは、これくらい他愛のないことはない。この頃は物知り辞典というのが沢山出ております。又クイズというものが大層流行っておるが、こういうものは人間の知性の遊戯以上の何ものでもない。おおぜい面を並べて、つまらない問答をして、よくまあ、あんな馬鹿な事を性懲《しょうこ》りもなくやれるものだ、と時々思うが、退屈まぎれ、時間つぶし以上にさっぱり値打ちはない。

12日　凡・非凡の分かれ目

凡と非凡のわかれる所は能力の如何《いかん》ではない。精神であり感激の問題だ。

13日　家庭訓　①

［妻は夫に］

一、先んじて起く。

二、後《おく》れて臥《ふ》す。

三、和言す（なごやかにもの言う）。

四、意に先んじて旨《むね》を承《う》く（言われぬ先に夫の希望するところをのみ込む）。

五、道を聞くことを好む。

14日　家庭訓　②

［親族に］

一、随時、物を贈る（盆暮でなく、気がついたときに心のこもった贈物をする）。

二、事無くして偶々《たまたま》訪《おとな》う（用事のないときでもふらりと寄ってみる）。

三、小信を忽《ゆるが》せにせず（一寸した約束事などいい加減にしない）。

四、退いて怨誹《えんぴ》無し（悪口を言わない）。

五、有事相済《すく》う

15日 活読

読書はただ読むだけでは駄目で、読みながらもその本を自己内部で賦活《ふかつ》する必要がある。これを活読という。読みっぱなしならば、むしろ本に読まれていることになる。

16日 命は吾より作す

人間が浅はかで無力であると、いわゆる「宿命」になる。人間が本当に磨かれてくると「運命」になる。即《すなわ》ち、自分で自分の「命《めい》」を創造することができるようになる。それを「命《めい》は吾《われ》より作《な》す」という。

17日　政治の四患　①

政治について古来からいわれている四患《かん》——四つの病弊《びょうへい》がある。

第一は偽である。

うそ、いつわりは小事ではすぐわかるが、社会、公共のことになると段々真偽が紛《まぎら》わしくなる。

第二は私である。

昔は政界に出ることとは私産を失うのが常識であった。今は自分の為に、公を假《かり》ることが平気である。

18日　政治の四患　②

第三は放である。

無軌道、放埓《ほうらつ》、無礼、無責任等である。礼儀も道徳も、秩序も法律も無視して、自由と権利の下、勝手放題にやって省《かえり》みない。

第四は奢である。

放と同じく一度味をしめると、容易に節倹の生活に戻れない。文明は生活の利便を高めたが、それと共に恐ろしく奢侈《しゃし》にした。

この四患を救わねば治まるものではないが、これを巧《たく》みに操って政権の打倒を計るのが左翼勢力だ。

19日 叱ってくれる人

我々の生活が自堕落になった時、心から馬鹿と叱《しか》って呉《く》れる畏敬する人を持つ者は幸だ。

20日 本物と偽物

故《ふる》い友人を持って居《お》る者ほど本物だが、絶えず新しい友人を漁猟《あさ》って歩く者は、それが順境にある者ほど偽者だ。

21日　思考の三原則　①

私は物事を、特に難しい問題を考えるときには、いつも三つの原則に依《よ》る様に努めている。

第一は、目先に捉《とら》われないで、出来るだけ長い目で見ること、

第二は物事の一面に捉われないで、出来るだけ多面的に、出来得れば全面的に見ること、

第三に何事によらず枝葉末節《しようまっせつ》に捉われず、根本的に考える

ということである。

22日　思考の三原則　②

目先だけで見たり、一面的に考えたり、枝葉末節からだけで見るのと、長期的、多面的、根本的に考えるというのとでは大変な違いがある。物事によっては、その結論が全く正反対ということになることが少なくない。

我々は難しい問題にぶつかる度に此《こ》の心掛を忘れてはならぬ。

23日 知恵の学問

知識の学問と知恵の学問では非常に違うのであって、知識の学問は、われわれの理解力・記憶力・判断力・推理力など、つまり悟性《ごせい》の働きによって誰にもひと通りできるものだ。子供でもできる、大人でもできる、善人もできる、悪人もできる。程度の差こそあれ、誰でもできる。その意味では、機械的な能力である。

しかしそういうものではなく、もっと経験を積み、思索反省を重ねて、われわれの性命や、人間としての体験の中からにじみ出てくるもっと直観的な人格的な学問を知恵の学問と言う。

だから知識の学問より知恵の学問になるほど、生活的・精神的・人格的になってくるのである。

それを深めると、普通で容易に得られない徳に根差した、徳の表われである徳恵(「とくけい」あるいは「とくえ」と読む)という学問になる。これが聖賢の学である。

24日 小才の愚

子曰く、群居終日、言、義に及ばず、好んで小恵を行う、難いかな。〔論語〕

痛い言葉ですね。何とかクラブというような所へ行ってみるとよくわかる。忙しい忙しいと言いながら大勢集まって、あちらで碁《ご》を打っておるかと思うと、こちらではつまらぬことをべらべらしゃべっている。折角の会合だからと行ったのに、いつまでたってもそれらしい話が出てこない。

そうして小知恵のまわるようなことでお茶をにごしている。これらは日常始終経験するところです。

つまらぬことには小才がきくが肝腎《かんじん》なことはさっぱり役に立たぬ人間は困ったものだというのです。

25日 迂儒

いくら本を読んで、知識を豊富に持っておっても一つも実際の役に立たんという学者がある。こういうのを迂儒《うじゅ》という。いろいろ知ってはいるが、意外に役に立たん、生きた解決にピタリとしないというのを迂と言う。だから儒者でも、物知りではあるけれども活きた学問にならんというのを迂儒という。学説の「迂説」という言葉はこれからくるわけです。

しからば、見識をどう養うか。それは、やはり人生の体験を積んで、人生の中にある深い理法、道というものがわからないと見識になってこない。

26日 心の修養

世の中にはさまざまな職業の人がいるが、大事なのは各人それぞれが正業に就《つ》き、自分の心身をみがいて仕事に最高の努力をしていくことだ。一人ひとりの心の修養こそ大事である。

27日 五交

世に五交というものがある。

一を勢交（勢力者に交を求める）。
二を賄《わい》交（財力ある者に交を求める）。
三を談交（能弁家に交を求める）。
四を窮《きゅう》交（困窮のため苦しまぎれに交を求める）。
五を量交（利害を量《はか》って得な方に交を求める）。

いずれも恥ずべきもので長くは続かぬが、かく挙げてくれば真の交わりというものも人世には得難いものである。

28日 愚痴は禁物

有り難いとか、感謝とよく言うが、自分の生活の中でまず不満や愚痴は未練がましく漏らさない心がけが肝要だ。

29日 忘却の黒いページ

一体人間に忘れるということのあるのは、いかにも困ったことでもあるが、また実に有り難いことでもある。

「忘却は黒いページで、この上に記憶はその輝く文字を記して、そして読み易くする。もしそれ悉《ことごと》く光明であったら、何にも読めはしない」

とカーライルはうまいことを言っている。

我々の人生を輝く文字で記すためには確に忘却の黒いページを作るがよい。いかに忘れるか、何を忘れるかの修養は非常に好ましいものである。

30日 元気

われわれは「気」を養うということが、一番根本の大事だ。いわば生のエネルギーを養うということ、いい換えれば「元気」ということが一番である。元気がないというのは問題にならぬ。しょぼしょぼして、よたよたして、一向に反応がないなんていうのは、論ずる価値がない。とかく人間は有形無形を論ぜず、元気というものがなければならない。元気というものは、つまり生気である。生のエネルギー、生々《いきいき》しておるということである。

7月

大学云
両　富潤屋
潤　徳潤身
正篤

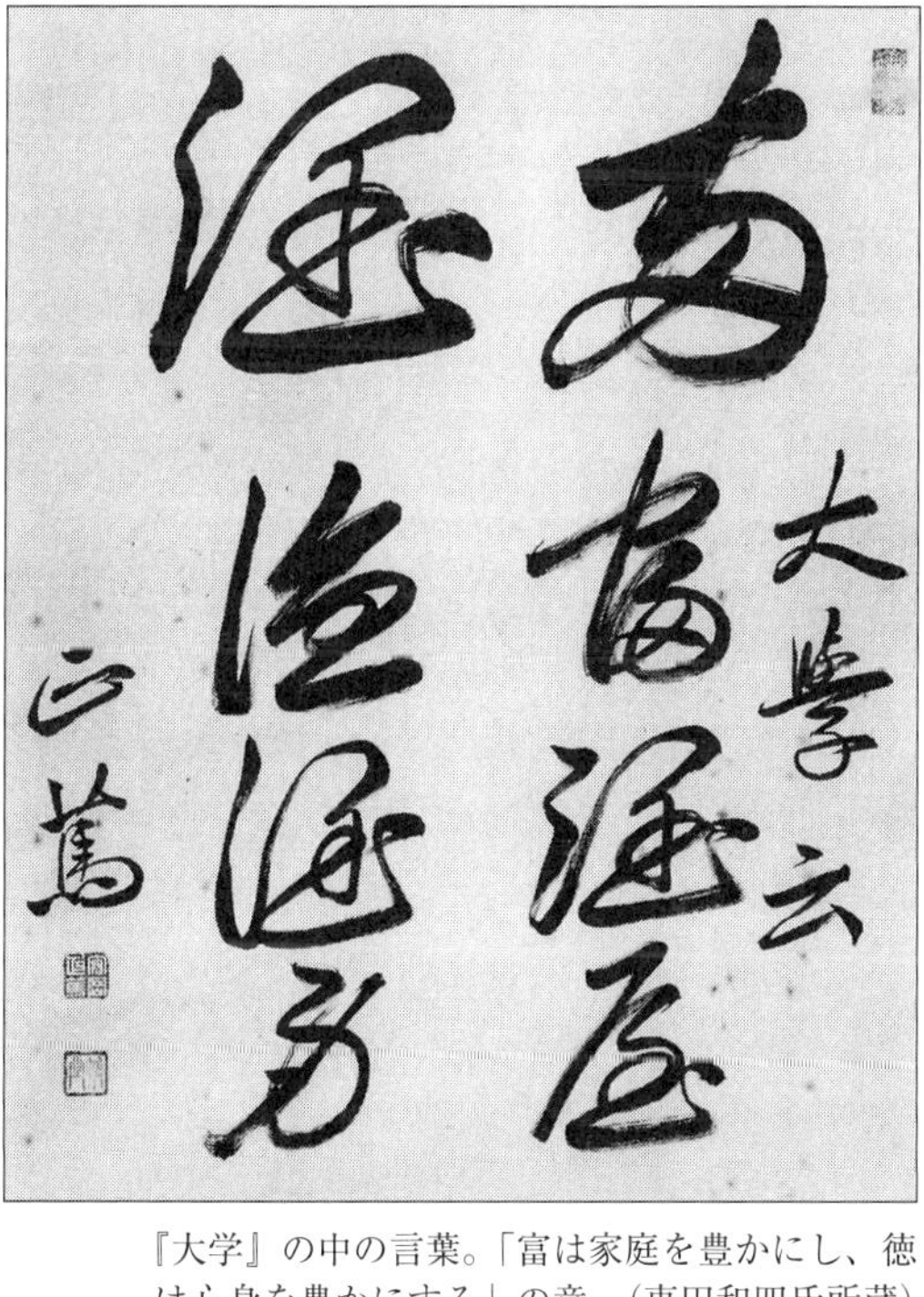

『大学』の中の言葉。「富は家庭を豊かにし、徳は心身を豊かにする」の意。（東田和四氏所蔵）

1日　大地の徳

偉くなることは、必ずしも富士山のように仰《あお》がれるようになるためではない。なるほど富士山は立派だけれども、それよりも何よりも立派なものは大地である。この大地は万山を載《の》せて一向に重しとしない。限りなき谷やら川やらを載せて敢《あ》えていとわない。常に平々坦々《たんたん》としておる。この大地こそ本当の徳である。われわれもこの大地のような徳を持たなければならぬ、大地のような人間にならなければならぬ。

2日　朝こそすべて

英仏の古諺《こげん》に曰く「朝こそすべて」と。一日二十四時間、朝があり昼があり夜があるとするのは死んだ機械の一日にすぎない。活きた時間は朝だけ、換言すれば、本当の朝をもたなければ一日無意義だということだ。朝を活かすことから人生は始まる。

3日　運はめぐる　①

命は先天的に賦与《ふよ》された性質能力ですから「天命」と謂《い》い、またそれは後天的修養によって変化せしめられるもの、動くものという意味に於《おい》て「運命」とも申します。

運は「めぐる」「うごく」という文字であります。然《しか》るに人はこの見易いことを見誤って、命を不運命、宿命、即《すなわ》ち動きのとれない、どうにもならない定めのように思いこんで大道易者などにそれを説明してもらおうとする。

4日　運はめぐる　②

命は天命であると共にその意味では、「我より作《な》す」ものであり、自分から造るものであります。宇宙は時々刻々の新しい造化、創造、変化ですから、常にいわゆる「義理再生の身」とならねばなりません。これを知命、立命と謂います。

5日 格物致知 ①

山田方谷《ほうこく》が春日潜庵《せんあん》からきた致良知《ちりょうち》論に復書して「足下の言は致良知に専《もっぱ》らにして格物《かくぶつ》に及ばず」とし、王氏の学は誠意を主とする。致良知は誠意中の事に過ぎぬ。そは必ず格物を以《もっ》てこれに配せねばならぬ。致良知でなければ誠意の本体を観られぬし格物でなければ誠意の工夫が出来ない。二者併進してはじめて誠意を得る。世の王学を唱える者は、大抵一にも二にも致良知と言って格物の功を廃していることは遺憾《いかん》なりと言う。

6日 格物致知 ②

良知の良とは「先天的に具備する創造性を言う」。人は聖人たると凡人たるとを問わず、一様に道義的世界を展開すべき先天的徳性を本具《ほんぐ》している。これが良知である。これを拡充するのが致である。

7日　対心一処

「心に一処に対すれば、事として通ぜざるなし」（「対心一処無事不通」）

名言です。「心に一処に対す」ということが勘どころです。我々は、今のように自己と仕事というものが分裂していては駄目なのです。自己というものを本当に仕事に打ち込んでいく、そうすると、自分の対象である仕事は、自己と一つになることによって精神化される、すなわち対象に魂を入れる――これが「対心一処」であります。

8日　事として通ぜざるなし

事物と自己とが一つになることによって、対象はすなわち自己になる。自己が昇華《しょうか》するself-sublimationというもので、そうすると、どんどん物事が解決していく。これがいわゆる「事として通ぜざるなし」であります。

9日　古賀穀堂　①

――幕末佐賀の名君鍋島閑叟《かんそう》の師古賀穀《こく》堂《どう》の自警に「自分は開闢《かいびゃく》以来の第一人になる」の語がある。――

大変な天狗《てんぐ》と思われるかも知れません。然《しか》し違うのです。それは第一人を「だい」一人と読むからです。第は「ただ」とよむのです。

古賀穀堂の意地悪ユーモアと申せましょう。現在でも世界に三十億の人間がおりますが、自分は二人とありません。これが人間存在の冥利《みょうり》で、個性というものであります。

10日　古賀穀堂　②

そこで俺は何になるのだ、何をもって存するのだというと、これは真の自分になること、自分の信念・学問・信仰に徹することです。これは大きな見識であります。世間では自分を見失ってしまって、他人のまねばかりするものですから、ろくな自己ができません。

ここに至って古賀穀堂はやはり偉い。徹底した見識をもった人であると思います。さすが名君を育てあげただけのことはある、と感心させられます。

11日　古賀穀堂　③

なかなか洒々落々《しゃしゃらくらく》とした所があって、「琴鶴亭の記」という文章を書いておりますが、何《なん》ぞ知らん、穀堂にお琴とお鶴という二人の愛人がありまして、この二人の名をとって亭の名にする等、意外な感にうたれますが、普通の杓子《しゃくし》定規《じょうぎ》の人でない。まことに自由闊達《かったつ》、その半面に謹厳徹底した人でありまして、閑叟公を育てあげました。

12日　いかに生くべきか

すべて生きんとする意志は、いう迄《まで》もなく人生の原動力である。然《しか》しながら、ただ生きようとするだけではまだ動物的境界に過ぎない。人格に於《お》いて、始めて如何《いか》に生くべきかの内面的要求を生ずる。茲《こ》に人にのみ許された至尊なる価値の世界――法則の世界――自由の世界があるのである。

13日　一言・人を誤る

人間の本当の正しさは、ちょっとした日常の挨拶《あいさつ》や振舞《ふるまい》にあらわれ、何でもない行動に、案外人間内容やその背景を知ることができるものです。これに反して、大層偉そうな大げさなことを言うものは当《あて》になりません。こんな人程、家の中や友達とのつきあいになると、とんでもない愚劣なことを平気でやるものであります。

昔からよく言うように「一言・事を破る。一言・人を誤る」で、ついうっかり言った言葉、ちょっとやった行為がその人の人間を決定します。

14日　利の害

史記の中に「利は智をして昏《くら》からしむ」と書いている。人間は利益ばかり追求していると、頭が悪くなるというのである。物事の理《ことわり》がわからなくなって、思いがけない恨《うら》みを招いたりする。

論語に「利を以《もっ》て行えば怨《うら》み多し」と出ているが、経済というものは本来、矛盾《むじゅん》衝突を内包するから、利害による怨《うら》みが出易い。

15日 悪党と善人 ①

そもそも悪は善より感じが深刻です。善というものは生命の発展に従うものですから、柔順な感じです。刺激がない。素直です。悪というものは生命の本流に抗するもの、逆行するものですから、どうしても感じが強く、身にこたえます。薬でも本当の良薬は生命を助長して副作用がない。効果も遅い。病の局所攻撃をする即効薬というものは、刺激が強く、副作用もひどい。まして毒薬ではたまりません。

およそ人々は善に対してはあまり感じません。悪に対して非常に強く感じます。人間も概して悪人は強い。善人は弱い。

16日 悪党と善人 ②

だから世の善人と悪人とをくらべてごらんなさい。善人はたいてい引込み思案、消極的で、傍観《ぼうかん》的であり、団結しない。自然の草木と同じように自ら生きる。他に待たないものです。

悪人は猛々《たけだけ》しく深刻で、攻撃的積極的であり、必要に応じてよく団結します。私は昔からいろいろの機会に力説してきましたが、悪人は一人でも「悪党」と言います。それじゃ善人をさして彼は「善党」だとは言いません。悪党という語があっても善党という言葉は使わない。だから悪党と善人では一応善人側が負けるものです。

17日 善人よ強くなれ

善人にこの際最も大事なことは、善柔・善弱・善怯《きょう》ではなくて、善にして且《か》つ強くなければならない。パスカルは「正義が強いか、強い者が正義か、正しい者が強くなるか、強い者が正しくなるか、より外に人間は救われない」と言うておりますが、救われるためにはどうしても善人が強くならなければいけません。強くなるためには、感情的・感傷的にならずに、線が太くならなければいけません。

18日 日本人

なぜナショナリズムというものがいけないかと申しますと、これは自分の国民だけをむやみに主張して他を排斥《はいせき》する。つまり排他的民族主義になる。そういうものをショウヴィニズムと申します。これがいけない。

しかしナショナリティ（国民性）というものは大事である。これなくして世界性、国際性、宇宙性というものは何も出てこない。やはり日本人は日本の個性、特殊性というものがあって、どこまでも日本人は日本人でなければならぬ。それでなくて世界市民になれるわけがない。

19日　現代を生きる術

一、ハッスルhustle（あたり構わず押しまくる）が流行語となる世相である。粗暴無法の横行する世の中である。これを放置してはならない。

二、繁栄の裡《うち》に頽廃《たいはい》没落するという文明の常例が日本にもあてはまってはおらないか。レジャーleisureヴァカンスvacanceで好い気になっておれる時勢であろうか。

三、闘争・闘争、何でも闘争、平和の為にも闘争が呼号される。それは錯乱である。堂々と話し合いでかたづける明快な風を養おう。

四、組織と大衆と機械に制せられて、人間は段々自主性を失い、人間味を無くしている。恐ろしい滅亡への道である。俗悪な時流に動かされず、真実の意義ある生活を営もう。

五、空虚で傲慢《ごうまん》な運動を戒め、自ら一燈となって一隅を照し、万燈遍照《へんじょう》に努力しよう。

20日 人物の深浅

物を評するは己《おのれ》を告白することだ。深い人は何でもないことを深く解釈し、詰らぬ人間は深いことを浅く解釈する。心暗ければ世暗し、心明るければ世明るし、心深ければ世深し、心浅ければ世浅し。

21日 師友

一、物識りよりも物分りが肝腎《かんじん》。
二、得《とく》なことよりも正しいこと。
三、財よりも信が大切。
四、退屈せず。仕事に身心をうちこもう。
五、くよくよせず。いつも笑を含んで。
六、書を読み、教を聞こう。
七、私事に捕われず、公義に尽そう。

22日　三　悪　①

善を見て而《しか》も怠《おこた》り、時至りて而も疑い、非を知って而も処《お》る。この三者は道を止むる所なり。この三つがあると、進歩が止まってしまう。「善を見て怠り」、この時機ということを見ながら、これを実行せず怠る。時機、時というものは、のべつ幕なしにあるわけではない。必ず機というものがある。だから時機と言うのだ。

23日　三　悪　②

人間の生命にも必ず機というものがある。つまり、そこを押えたら、それが他の部に、また、全体にひびく所と、一向何にもひびかぬ所がある。つまり、「ツボ」「勘どころ」というものがどんなものにもある。時というのは、そういうツボ、勘どころの連結なのである。

24日 自分 ①

自分というものは良い言葉である。

ある物が独自に存在すると同時に、また全体の部分として存在する、自分の自の方は独自に存在する、自分の分の方は全体の部分である。

この円満無碍《むげ》なる一致を表現して「自分」という。

われわれは自分を知り、自分を尽くせば良いのである。

しかるにそれを知らずして自分、自分といいながら、実は自己自私を恣《ほし》いままにしている。そこにあらゆる矛盾《むじゅん》や罪悪が生ずる。

25日 自分 ②

そういえば、何でもないようで、実は自分を知り、自分をつくすことほど、むずかしいことはない。

自分がどういう素質、能力を天賦《てんぷ》されているか、それを称して「命」という。

これを知るのを「知命」という。

知ってこれを完全に発揮してゆくのを「立命」という。

26日　先世の結縁

或《あるい》は一國に生れ、或は一郡に住み、或は一県に処《お》り、或は一村に処り、一樹の下に宿り、一河の流れを汲《く》み、一夜の同宿、一日の夫婦、一所の聴聞《ちょうもん》、暫時《ざんじ》の同道、半時の戯笑《げしょう》、一言の会釈《えしゃく》、一坐の飲酒《おんしゅ》、同杯同酒、一時の同車、同畳同坐、同床一臥《どうしょういちが》、軽重《けいちょう》異るあるも、親疎《しんそ》別有るも、皆是《こ》れ先世《せんぜ》の結縁《けちえん》なり。〔聖徳太子「説法明眼《せっぽうみょうげん》論《ろん》」〕

27日　明師良友

明師良友は我々の隠れたる内在の性に通ずる道を拓《ひら》き、我々をこの道に鞭撻《べんたつ》する。我は何であるか。真実何を有《も》つかを徹見（徹底的な理解）せしめる。

人には種々の豊富な潜在的能力（才徳）があるが、ちょうど色彩に対する鋭敏な感覚を有する画家の作品によって、はじめて我々も自然における色彩美を感知し、今まで単純な音響しか聞く耳を持たなかった者が、微妙な音楽家の弾奏によってはじめて音楽の世界を発見するように、人の潜在的能力も明師良友を待ってさまざまな風情を現じ、徳音を発する。

28日 書斎 ①

人間にはどうしてもあるスペース、空間というものが必要だ。われわれが生活するのにどうしても必要な空間・余裕――こういう環境をバイオトープ（biotope）と言う。これはちょっと考えればわかることであって、たとえばお互いに家を成すのに、どうしても主人には書斎というものが要《い》る。家族といえども、それから煩《わずら》わされない主人公の絶対の空間――バイオトープが要る。

29日 書斎 ②

私どもがいつも家族と一緒になって飲んだり食ったり、テレビを見たり雑談をしたりなどしていたら、この亭主――主人公は、すぐにダメになる。そういう人は、きわめて通俗・低級な人間になってしまう。

特に何か精神生活・人格生活を持つ者には、どうしても周囲から乱されない「斎」というものが必要だ。書斎の斎の字は、そういう意味を持っている。

30日 理想主義と現実主義

理想主義は、よほど本人がしっかりしないと空想になる。どちらかといえば現実主義のほうが間違いが少ない。その代わり、これが間違うと固陋《ころう》になり、進歩がなくなる。少々進歩がなくても確かなほうが安全だ。だから人間は自然には、だいたい現実主義者である。そういう意味から、少し危なっかしくても理想主義者のいるほうが刺激的で進歩があるともいえる。なかなか人間は難しい。

31日 仁人と仁術

あの人は仁人《じんじん》だというたら、何かよく金をくれる、よく物を寄附してくれる人のように思うが、そんなのは仁人に本来関係がない。仁人とは、人を生かしてくれる人ということで、いくら広く寄附しても不仁者は不仁者。いわんや自分の名誉だとか、商売だとか、成功とかいうことのために、人に物を贈ったり、金を贈ったりなんていうのは仁人でも何でもない。本当に心からその人の徳を以《もっ》て人間の生を進めてゆく、高めてゆくというのが仁術である。

昭和五十年代の無以会。前列左より亀井正夫（住友電工）、新井正明（住友生命）、安岡正篤、廣慶太郎（久保田鉄工）、河野卓男（ムーンバット）、中列左より大沢孝（鐘淵化学）、富田穣（大阪屋証券）、加藤三郎（三洋電機）、竹中鍊一（竹中工務店）、後列左より林繁之、西山磐（大阪瓦斯）、下村澄（毎日放送）、浅井孝二（住友銀行）、豊田良平（大阪屋証券）、伊與田覺（成人教学研修所）

8月

木鶏

正篤学人

『列子』『荘子』に出てくる話。安岡師が往年の名横綱双葉山に教授したことでも知られる。

1日 生命力を鍛える

生命力はいかにして強くなるか。それはあくまでも根気のある辛抱強い日常の自律自修に由《よ》る。鍛錬陶冶《たんれんとうや》に依《よ》る。意志と知能と筋骨との意識的努力、心臓・血管・内分泌腺《ないぶんぴせん》その他生理的全体系の無意識的努力、自己に規律を課し、自己を支配する修練を積んで始めて発達する。安逸《あんいつ》と放縦《ほうじゅう》とは生命の害毒であり、敵である。

2日 煩を厭うは大病

貝原益軒が「煩を厭うは是れ人の大病である」とその随筆集『慎思録』に書いております。わずらわしいことを避けて、なるべく簡単にしようとするのは人間の大病であって、そのために人事に関する問題が駄目になり、事業が成功しません。どんなにわずらわしい事が多くても、すべて自分のことは自分でやらなければなりません。いくらうるさい、わずらわしいことであっても、順序よくやりますと、意外に苦労が少なくて成功するものです。

3日　潜在エネルギーの培養　①

いわゆる見てくれは堂々たる体格の人が案外に脆《もろ》かったり、ちょっと働くとすぐフウフウ云ったりして精力の続かない人があるものです。それに反して、見かけは弱そうだが、非常に精力的で不屈不撓《ふとう》の人があります。

見てくれと内実、顕在面《けんざいめん》と潜在面は釣りあわないことが多いものですが、肝腎《かんじん》なことは潜在エネルギーを旺盛《おうせい》にすることです。

4日　潜在エネルギーの培養　②

植物の栽培に例えますと、目に見えない根の培養が深くないと麦が徒長《とちょう》する様なもので駄目です。良い栽培者は常に枝を剪定《せんてい》し、花や実を間引き、根の力を強くする様に苦心します。我々は潜在エネルギーを培養する様留意しなければなりません。

5日　木鶏　①

紀渻子《きせいし》、王の為に闘鶏を養う。十日にして而《しこう》して問う、鶏已《よ》きか。曰く、未《いま》だし。方《まさ》に虚憍《きょきょう》にして而して気を恃《たの》む。十日にして又問う。曰く、未だし。なお嚮景《きょうえい》に応ず。十日にして又問う。曰く、未だし。なお疾《しっ》視《し》して而して気を盛んにす。十日にして又問う。曰く、幾《ちか》し。鶏、鳴くものありと雖《いえど》も、已に変ずることなし。之を望むに木鶏に似たり。其の徳全《まった》し。異鶏敢《あえ》て応ずるもの無く、反《かえ》って走らん。

（荘子）

6日　木鶏　②

紀渻子という人が闘鶏の好きな王（学者によって説もありますが、一般には周の宣王ということになっています）のために軍鶏《しゃも》を養って調教訓練しておりました。

そして十日ほど経った頃、王が〝もうよいか〟とききましたところが、紀渻子は、〝いや、まだいけません、空威張りして「俺が」というところがあります〟と答えました。

さらに十日経って、またききました。〝未だだめです。相手の姿を見たり声を聞いたりすると昂奮するところがあります〟。

7日　木鶏③

また十日経ってききました。〝未だいけません。相手を見ると睨《にら》みつけて、圧倒しようとするところがあります〟。

こうしてさらに十日経って、またききました。そうすると初めて〝まあ、どうにかよろしいでしょう。他の鶏の声がしても少しも平生《へいぜい》と変わるところがありません。その姿はまるで木彫の鶏のようです。全く徳が充実しました。もうどんな鶏を連れてきても、これに応戦するものがなく、姿を見ただけで逃げてしまうでしょう〟と言いました。

8日　徳業

事業でも、力づくでやっておると、いずれ競争になって困難になる。事業が人間性から滲《にじ》み出た、徳の力の現れであれば、これを徳業という。事業家は進んで徳業家にならないといけない。また、その人の徳が、古《いにしえ》に学び、歴史に通じ、いわゆる道に則《のっと》っておれば、これを道業という。東洋人は事業だけでは満足しない。徳業にならないと満足しない。現代の悩みは、事業が徳業にならないで、利業・機業になってゆくことだ。

9日 木の五衰

「木の五衰」ということがある。「木の五衰」の一つは「懐《ふところ》の蒸《む》れ」。枝葉が茂ることだ。枝葉が茂ると風通しが悪くなる。そうすると、そのために木が弱る。弱るから、どうしても根が「裾《すそ》上がり」つまり根が浅くなってくる。根が上がってくる。そうすると生長が止《と》まる、伸びなくなる。頭（梢）から枯れてくる。これを「末《うら》枯れ」という。末《うら》というのは梢（木末）という意味だ。梢が枯れてくると「末《うら》止まり」生長が止まる。その頃から、いろいろの害虫がつく。「虫食い」。

10日 人間の五衰

人間もそうだ。いろいろの欲ばかり出して、すなわち貪欲《どんよく》・多欲になって修養しない。つまり省しない。そうすると風通しが悪くなる。つまり真理や教えが耳に入らなくなる。善語・善言を聞くということをしなくなる。そうすると「裾上がり」といって、人間が軽薄にオッチョコチョイになってくる。そうするともう進歩は止まってしまう。すると悪いことにばかり親しむようになる、虫が食うのだ。つまらないやつにとりつかれ、そして没落する。これは「人間の五衰」だ。だから植物の栽培もこの省という一字に帰する。

11日

知識・見識・胆識

いつも申しますように、識にもいろいろあって、単なる大脳皮質の作用に過ぎぬ薄っぺらな識は「知識」と言って、これは本を読むだけでも、学校へのらりくらり行っておるだけでも、出来る。

しかしこの人生、人間生活とはどういうものであるか、或《あるい》はどういう風に生くべきであるか、というような思慮・分別・判断というようなものは、単なる知識では出て来ない。そういう識を「見識」という。しかし如何《いか》に見識があっても、実行力、断行力がなければ何にもならない。

その見識を具体化させる識のことを「胆《たん》識《しき》」と申します。けれども見識というものは、本当に学問、先哲・先賢の学問をしないと、出て来ない。更にそれを実際生活の場に於《お》いて練らなければ、胆識になりません。

今、名士と言われる人達は、みな知識人なのだけれども、どうも見識を持った人が少ない。また見識を持った人は時折りあるが、胆識の士に至ってはまことに寥々《りょうりょう》たるものです。これが現代日本の大きな悩みの一つであります。

12日 親子の道

人倫の根本が親子の道に在ることは言うまでもない。随《したが》って子の親に対する孝心は、人類社会を維持し発達せしめる一番尊いはたらきである。

在る時は在りのすさびに憎いこともあろう。無くてぞ人の恋しきは人情の機微である。父母に死に別れて、却《かえ》って切に父母の温容《おんよう》を憶《おも》い、慈音《じおん》を偲《しの》び、生前の趣味や理想を考え、敬慕の情を彌《いや》増すと共に、平生《へいぜい》みずから父母に何の報《むく》ゆる所もなかったことや、今も尚《な》お父母の期待に一向添《そ》い得ぬ身の不肖《ふしょう》をば恥《は》じ懼《おそ》れ、せめてもの心ばかりの供物《くもつ》を霊前に捧《ささ》げ、或《あるい》は懺悔《ざんげ》の誠を致し、或は将来の発奮努力を誓う、茲《ここ》に家庭祭祀《さいし》の根本義がある。

13日 道の人

真の道の人とは、根源的なものと枝葉的なものとを統一的に持っている人のことである。

14日 修養が足りない現代日本人

現代日本人は人物というものができていない。修養が足りない。人を見れば悪口を言って、自分の事を棚にあげておいて、そうして一向努力はせぬ。嫉視誹謗《しっしひぼう》し、そうして他に向かって大言壮語《たいげんそうご》ばかりする。行儀作法もなっていないという傾きがある。これを根本的に是正しなければ本当の意味において日本精神を発揚《はつよう》することはできない。

外に発展しようと思えば思う程、やはり内に深めなければならない。

15日 先考 ①

何故父を考、先考と言うか。

これは亡くなったその父の年になってみると、人の子たるものみなわかることで、人間の考えることはやはり経験を積み、歳月を経て、初めて円熟するのである、達成するのである。

本当に考えるということは、余程歳月をかけて、経験を積まなければならん。

そうすることによって初めて事を成功させることができる、物を遂行達成することができる。

16日 先考 ②

そこで考という字をかんがえると同時に成すという意味に用いる。

そして考えてみると、なるほど親父はよく考えて、よくやった、ということになって考を亡き父につけるのです。

17日 八休

消し難きの味は食するを休《や》め。
酬《むく》い難きの恩は受けるを休め。
守り難きの財は積むを休め。
釋《と》き難きの怒は較《あらそ》うを休め。
得《え》難き物は蓄えるを休め。
久しくし難きの友は交わるを休め。
雪《すす》ぎ難きの謗《そしり》は弁ずるを休め。
再びし難きの時は失うを休め。

18日 朝食は食ったか

偉大な修業などというと、どんな奇抜な人間離れしたことをすることかなどと思う間は、まだ何もわかって居《お》らぬのである。尋常日用の工夫に徹するのが大修業なのである。大いに悟りを開こうと思って、先《ま》ず佛《ほとけ》という偉大な者の秘義をつかもうとあせって居る僧に、趙州《じょうしゅう》和尚《おしょう》（唐末の名禅僧）は答えた。朝食は食ったか。はい、いただきました。食器をよくかたづけなさい、と。

19日 座右の書

心を打たれるような身に沁《し》むような古人の書をわれを忘れて読み耽《ふ》けるときに、人間は生きるということは誰もが知る体験である。それを積んでおると、しだいに時間だの空間だのという制約を離れて真に救われる。いわゆる解脱《げだつ》をする。そういう愛読書を持つことが、またそういう思索・体験を持つことが人間として一番幸福であって、それを持つのと持たぬのとでは人生の幸、不幸は懸絶《けんぜつ》してくる。

20日 神秘の因縁

精神を集中し、寸陰《すんいん》を積んでこれを錬磨《れんま》するると、非常な感覚力を生ずるものだ。平生《へいぜい》研究問題を持たぬ人では、なにも見つからないが、平生なにかに集中していると、意外な「発見」をする。そこに神秘な因縁をすら感知するものだ。こういうところに人生や、事業、学問の秘訣がある。

21日　文より質

人間は常に質が文よりも勝っていることが望ましい。その人に奥深いものがどっしりとあって、そこに若干の表現があればよい。

22日　分かる

物は早分りする程分らなくなってくる。宇宙人生は結びだから分からぬものがある。分らぬものを把握する時、物事がよく分かる。

23日

据物の心得

「据物《すえもの》の心得」という工夫がある。

剣によって類稀《たぐいまれ》なる荘厳自由な人格を錬り上げた宮本武蔵に、一見してその非凡の人物を見抜かれた熊本藩の英霊漢都甲太兵衛《とごうたへえ》が、太守から日頃覚悟の筋をきかれた時、彼はしばらく小首を傾けていたが、やがておもむろに口を開いて——自分は据物の心得ということにふと心づいて、それからいつも人は据物でいつでも打たれるものであると思い、それを平気で打たれる心持ちになるように力《つと》めた。もちろん、はじめのうちはともすれば「据物である」ということを忘れ、またそう思ってみても恐ろしくてならなかったが、段々工夫してゆくうちに、いつも据物の心になって、それで何ともなくなった——と答えた。

日本におけるあらゆる芸道は、いずれもこの心境の上に創造されているのである。

24日　五　計

　生計・身計・家計・老計・死計の五つを宋の朱新仲《しゅしんちゅう》（翌）は人生の五計という。窮極我々の人生はこの五計を出ない。

　〝生計〟は人生如何《いか》に生くべきかという、特に身心健康法のこと。それを基にしてどういう社会生活・家庭生活を営むかが〝身計・家計〟である。現代のように汚染された大衆文明社会にあって、人生の計を立ててゆくことは非常に難しい。個人の努力と同時に社会学的にも真剣に考慮されねばならぬ問題だ。

25日　老の三つの意味

　〝老〟という文字には三つの意味がある。

　一つは年をとる。

　二つは練れる。

　三つは〝考〟と通用して、思索が深まり、完成するという意味だ。

　老いるとは単に馬齢《ばれい》を加えることではない。その間に経験を積み、思想を深め、自己・人生を完成させてゆく努力の過程でなければならない。これを〝老計〟という。

　それには先《ま》ず学ぶことだ。学問は年をとるほどよい。百歳にもなっての学問は、実に深い味があろうと思う。老いてボケるというのは学問しないからにすぎない。

26日 貝原益軒

貝原益軒《かいばらえきけん》先生は、八十四才で亡くなっておりますが、死ぬ一年か二年前に始めて益軒に改め、殆《ほと》んどその最後まで損軒と言っておりました。…六十にして化すということがありますが、本当に八十という声のかかったときに始めて益軒に改めた。…さすがは益軒先生だと思います。

若い時は仲々道楽者でもありまして、京都の島原あたりでよく遊びましたので、従って酸《す》いも甘いもかみ分けた人であります。

そこで益軒先生の色々書き遺されたものを、人生訓、処生訓、養生訓などで読みますと、実に至れり尽くせりでありますが、余程の苦労人でなければ書けない、言えないことを細かに書いております。

よく何も知らない人は、漢学者というものは、余り人情に通じない形式道徳のかたまりみたいに思うことが多い。従って、貝原益軒などは、こちこちの堅物と大抵思っておるのでありますが、豈《あに》はからんや、若い時は仲々の道楽者で、遊んだ人でありまして、これではいけないと自覚して中年から勉強を始め、忿《いか》りを懲《こ》らして欲を窒《ふさ》ぐ生活をした人であります。

27日　七養

時令（季節）に順《したご》うて以《もっ》て元気を養う。思慮を少うして以て心気を養う。言語を省いて以て神気を養う。肉慾を寡《すくの》うして以て腎気を養う。嗔怒《いかり》を戒めて以て肝気を養う。滋味を薄うして以て胃気を養う。多くの史を読みて以て胆気を養う。

春には春の、秋には秋の牛活様式がある。同様に寒帯には寒帯の、熱帯には熱帯の飲食起臥《きが》の方則《ほうそく》がある。夏は夏らしく、冬は冬らしくというように暮らしておれば生命力は健康である。

心気は同時に心臓の気である、活力である。思慮を少くし安らかにすることが養心の秘訣である。必要もないのにベラベラ喋《しゃべ》るようなことはその人間を最も浅薄にする。黙養という言葉がある通り、神気を養うには、くだらぬお喋舌《しゃべり》はせぬことだ。飲食女色は腎を弱め、嗔怒《いかり》は肝を傷《いた》め、脂っこいような食物は胃に悪い。古今の治乱興亡に通じることは胆気を養って度胸を造る。一時一処の成敗《せいばい》得失くらいに転倒せぬからである。

28日 人生の関所

禅家では関という一語をよく浴びせかける。関とは字のとおり、関《せき》ということであり、すなわち、引っかかり、行き詰まりであります。

人生は、しばしば出会わねばならぬ関所を幾つも通り抜ける旅路であり、そこで一関、二関はうまく抜けても、三関、四関となると、往々《おうおう》にして、その関所を通ることができず、挫折《ざせつ》する、引き返すということになりがちです。そこが関所だ！　そこを通り抜けろ！　という意味でよく「関」ということを指示するのであります。

辛抱して、努力して関を何関か通りますと、特に難解難透《なんかいなんとう》というようなことを禅僧がよく申しますが、難しい、解き難い、通り難い、すなわち、難解難透の関《かん》をいくつか通りますうちに、ついに真の自由——古い言葉で申しますと、無礙《むげ》自在というような境地に到達して、すなわち「無関に遊ぶ」こともできるようになります。

29日　無関に遊ぶ

人間は小成《しょうせい》に安《やす》んじないよう、意外に早く固まってしまわぬように、いつまでも若く、いつまでも伸びがとまらないように、伸びていく、いつまでも進歩発展していくことが大事。

年と共によく変化していき、途上の難関を幾関か通って無関に遊ぶということが大切なのであります。

30日　擘　頭

紀綱《きこう》を正し、風俗を革《あらた》むるは、此《こ》れを擘《はく》頭《とう》と為《な》す。

学生は学生らしく、社員は社員らしく、先生は先生らしく、役人は役人らしく、筋道を立てる。筋を通すことが大事で、それを放ったらかしておいて、いろいろ膏薬《こうやく》貼《は》りをやっても、それはだめである。個人で言うならば、生活習慣です。教育で言うなら躾《しつけ》です。これを改めるのがまず「擘頭《はくとう》」、指で言えば一番大事な親指のようなこと、第一着手だと言うのです。まったくそのとおりであります。

31日

礼

「礼」とは何か。およそ存在するものはすべてなんらかの内容をもって構成されている。その全体を構成している部分と部分、部分と全体との円満な調和と秩序、これを「礼」という。

9月

子も孫も（毛）
恙《つつが》な（奈）く（句）し（志）て
菊の秋

正篤

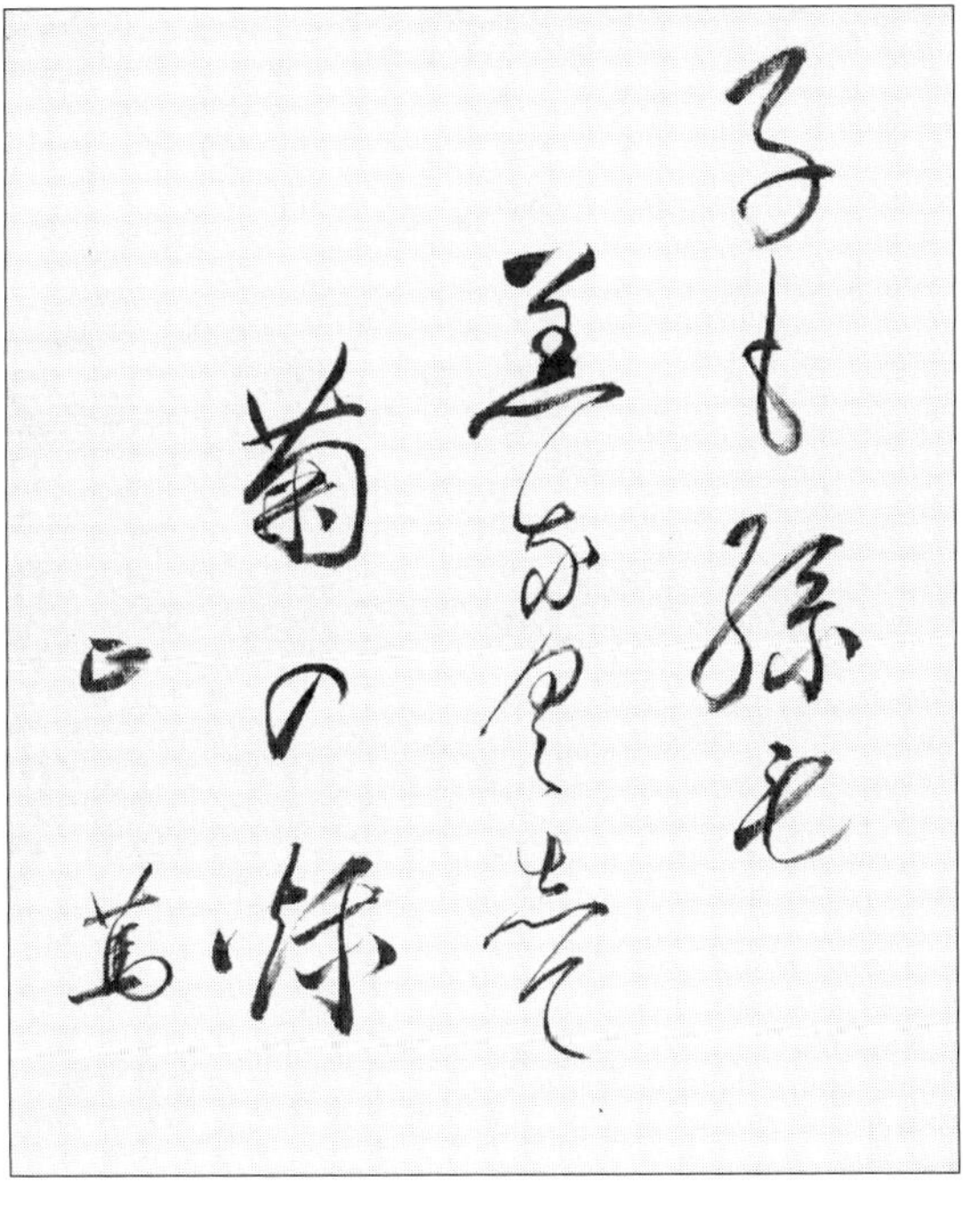

1日　佳書と出会う　①

佳書とは、それを読むことによって、我々の呼吸・血液・体液を清くし、精神の鼓動を昂《たか》めたり、沈着《おちつ》かせたり、霊魂を神仏に近づけたりする書のことであります。

佳《よ》い食物もよろしい。佳い酒もよろしい。佳いものは何でも佳いが、結局佳い人と佳い書と佳い山水との三つであります。

然《しか》し佳い人には案外会えません。佳い山水にもなかなか会えません。ただ佳い書物だけは、いつでも手に執《と》れます。

2日　佳書と出会う　②

不幸にして佳人には会わず、佳山佳水に会わずとも、佳書にだけは会いたいものであります。

佳書によって、我々はしみじみと自分自身に話すことができるのであります。天地が壊れる時も、ああ天地が壊れると語れるのであります。これこそ天地の外に立つのであります。

3日 教育の本源

武道と聖賢の学をやったことで、昔は二十歳前後で堂々たる人格の骨組を造ったものだ。今日の青年子弟の教育を、先《ま》ずその繁瑣《はんさ》より救うことから始めねばならぬ。

4日 体験の根を下す

講習講演は知識の漫談であり、学問は概念の漫談である。かかる雑識は己《おのれ》の人格と何等関係がない。人生に於《お》いて重要なことは、体験の根を深く下すことでなければならぬ。

5日 中 ①

理想と現実との間に分裂、遊離がないというのが、本当の人間らしい姿である。

ところが人間というものは、どちらかというと現実のほうへいく人と、どちらかというと、理想のほうへいく人とある。

本当にこれが統一されて少しも危なげのないものを「中《ちゅう》」という。中道は難しいというのはここでもわかる。

理想家肌というのは少し空想的。現実家肌というのは少し堅すぎて、進歩性がなくなるというふうに分かれて、なかなか「中」にはいけない。

6日 中 ②

「中」というと、相対するものを結んだその真ん中を「中」というと考えるが、それは「中」の一番幼稚な段階。

本当の「中」というのは矛盾《むじゅん》撞着《どうちゃく》しているものを解決して高いところへ進める——これを「中」という。

7日　精神の聖火を燃やす　①

今や日本は明瞭に、個人的にも民族的にも社会的にも危険状態である。繁栄のように見えて恐ろしい没落に暴走している。どうしてもこれを救わねばならない。

どうしてこれを救うか。革命か？

今日のような人間が高慢と独断と暴力とで行なう革命は、いかなる方法によるものであっても、それは畢竟《ひっきょう》人間にとって愚行と災厄《さいやく》にほかならない。

8日　精神の聖火を燃やす　②

迂遠《うえん》なようであっても、結局これを覚《さと》って、感憤する者がおのおの真理とその精神の聖火を燃やすことのほかはない。その聖火の伝わることは意外に早くかつ強烈である。

何人もその聖火を焚《た》くことができるか。何人でもできる。その志と努力さえあれば、精神は人間本具《ほんぐ》の能力であるから、よく炎々《えんえん》たる聖火を燃え起《た》たせることができる。

9日 骨力

骨力《こつりょく》は男性に在っては千万人を敵とするの心。女性に在っては忍受である。千万人を敵とするの心は、軈《やが》て千万人を救うの心となる。

10日 民族の結束

如何《いか》にして日本に和を実現するかということになれば、これは礼を本として、即《すなわ》ち世の中の権力主義、利己主義といったような野望を排し、私を捨てて、公に向う公共精神を振い起こす以外には道はないのであります。民族を救い、国家を救って、この日本に真の平和と独立とを保全するためには、日本民族の結束をはかる以外にないのであります。

11日　楽しむ

『論語』に曰く「之《これ》を知る者は、之を好む者に如《し》かず。之を楽しむ者に如かず」と。知ることは本来余り価値がない。これに対して、好むことは対象を自分の情緒の中に入れることであって、身になる。更《さら》に深く理性や潜在意識の働きが加わると、これをいい楽しむという。

全ては楽しむという境地に到って、初めて渾然《こんぜん》として具体化してくる。つまり人間そのもの、生活そのもの、行動そのものになるからだ。学問もこの境地に達してこそ本物である。

12日　苦言は人のため

甘・苦・渋の三味は決して別のものではない。三味が一つに融け合っていて、甘味の中に苦味・渋味、苦味・渋味の中に甘味がある。甘味が苦味・渋味にならぬと、本当の甘味ではない。そのことを茶道のベテランは皆知っておる。

人間も甘いうちは駄目で、少し苦味が出て来ないと本物ではない。言葉でも、本当の為になる言葉は多く苦言であります。「苦言は人のためになる」と言いますが、実際その通りでありまして、甘言を愛するようではまだまだ出来ておらぬ証拠であります。

13日 至誠

曽国藩《そうこくはん》は確かに支那史上に於《お》いて稀《まれ》に見る偉人である。私は常に、我々が偉人と仰《あお》ぐ人になくて叶《かな》わぬものは至醇《しじゅん》の情緒—至誠であることを確信している。これは独《ひと》り偉人のみではない。いやしくも人である以上なくてはならないものであるから、まして偉人と仰がれるべき人にはなおさらである。

この至醇の情緒、至誠の人格において、何よりも先《ま》ず彼は不滅の光を放っている。若《も》し彼を哲人政治家と呼ばないならば、古今東西の史上どこにももはや哲人政治家は発見されないであろう。

彼の様な尊い風格を持つ者を先史に求むれば、蜀《しょく》の諸葛亮《しょかつりょう》、宋の司馬光《しばこう》、元の耶律《やりつ》楚材《そざい》等がまさにその人々である。彼は此等《これら》の人々に比して決して勝るとも劣らぬ偉人である。その生涯は敬虔《けいけん》な真理の使徒である、その後半生は一身を以《もっ》て内乱の鎮圧に捧《ささ》げたのであった。

14日　老いを忘れる

真の人物は気概があると共に、どこかゆとりがあって、楽しむ所がなければならぬ。それではじめて老いを忘れることが出来る。また実際にいつまでも老いないで暮らすことが出来るのである。

15日　姑

姑《しゅうとめ》は「古い女」と書く。これを「しばらく」と読ませるのは面白い。年を取った女は物を包容して急がない。然《しか》しそれが悪く行くと「姑息《こそく》」の姑になる。

16日 久熟する

人間の人格・芸術・学問でも、人と人の交わりでも、なんでもそうですが、久熟するほど値打ちがある。ぼつぼつ鼻につくなどというのは駄目であります。男女関係・夫婦関係でも、ときがたつほど味が出る、愛情が深くなる、お互いに敬意をおぼえるようになってこそ、本当の関係であります。

17日 信

信はのびると読み、まかすと読む。人は信であって始めてのびるし、それは又、大道にまかすことだ。国民に信があるかどうか。国家興亡の大原則だ。

18日　人物に学ぶ　①

人物学を修める上において、ここに捨てることの出来ない見逃すことの出来ない二つの秘訣がある。

それは極めて明瞭であって、第一に人物に学ぶことであります。つまり吾々の、出来るならば同時代、遡《さかのぼ》って古代、つまりは古今を通じて、凡《およ》そ優れたる人物というのを見逃してはならない。出来るだけ優れた人物に親炙《しんしゃ》し、時と所を異にして親炙することが出来なければ、古人に学ぶのである。

19日　人物に学ぶ　②

人物の研究というものは抽象的な思想学問だけやっておっては遂げ得られないものです。どうしても具体的に、生きた優れた人物を追求するか、出来るだけそういう偉大なる人物の面目を伝え、魂をこめておる文献に接することであります。

その点古典というものは歴史の篩《ふるい》にかかっておりますから特に力があります。

つまり私淑する人物を持ち、愛読書を得なければならぬということが人物学を修める根本的、絶対的条件であります。

20日 修練の根本

人物学に伴う実践、即《すなわ》ち人物修練の根本的条件は怯《お》めず臆《おく》せず、勇敢に、而《しこう》して己《おのれ》を空《むな》しうして、あらゆる人生の経験を嘗《な》め尽すことであります。

人生の辛苦艱難《しんくかんなん》、喜怒哀楽、利害得失、栄枯盛衰、そういう人生の事実、生活を勇敢に体験することです。

その体験の中にその信念を生かして行って、初めて吾々に知行合一《ちこうごういつ》的に自己人物を練ることが出来るのであります。

21日 反　省

反省は統一に復《かえ》ろうとする作用である。哲人程内省的であり、統一に復る程幽玄《ゆうげん》である。

22日 進歩向上の工夫 ①

いかにすればいつまでも進歩向上していくことができるか。第一に絶えず精神を仕事に打ち込んでいくということです。純一無雑の工夫をする。純一無雑などと申しますと古典的でありますが、近代的にいうと、全力を挙げて仕事に打ち込んでいく、ということです。

23日 進歩向上の工夫 ②

人間に一番悪いのは雑駁《ざっぱく》とか軽薄とかいうことでありまして、これは生命の哲学、創造の真理から申しましても明らかなことでありますが、これほど生命力・創造力を害するものはありません。また生命力・創造力が衰えると、物は分裂して雑駁になるものであります。これがひどくなると混乱に陥ります。人間で申しますと自己分裂になるのです。そこで絶えず自分と言うものを何かに打ち込んでいくことが大切であります。

24日　先祖を祭る

若夫婦が自発的に先祖の祭をする風俗があれば、その国、その郷土、その家庭は確かだ。これに反するを薄俗《はくぞく》と言い、必ず享楽的になって当《あて》にならぬ。足許から忍び寄るこの危機を見よ。

25日　節

人間というものは、誘惑されたり、脅迫されたり、いろいろされると、すぐ心ならぬことも為してしまう。大事な把握するところを失ってしまう。そこから脱線や堕落が始まる。

学問をする人間、道を学ぶ人間は、何ものをもってしても奪うことのできないものが根本になければならぬ。人間に節がなくなると、だらしがなくなって、どうにでもなってしまう。

26日 東洋の学問、西洋の学問

東洋の本当の学問をやった人、いわゆる悟道《ごどう》し道を修めた哲人は、骨の髄まで学問になっている。これに対して西洋の思想家・学者は、知識や教養は豊かで洗練はされていても、人物が本当に磨かれて、学問と同じように人間が出来ているという人は非常に少ない。

27日 経書と史書

経書は実生活の注脚として読むべきだが、それには世故《せこ》を積み、齢を重ねること、世の辛苦《しんく》を嘗《な》めることが大切だ。そこで若い間は史書を読むこと、人物を研究して経史を一如《いちじょ》にすることを心掛けねばならぬ。

28日　十多の説――道教

道教の方に十多の説がある。

一、思多ければ神《こころ》怠る。
二、念多ければ志散る。
三、欲多ければ智損ず。
四、事多ければ形疲る。
五、語多ければ気傷《やぶ》る。

べらべらしゃべるのは気が散るものであることは誰もよく気がつく。

六、笑多ければ臓損ず。

これは一寸《ちょっと》意外に思う人が多いであろう。笑うことは気持が好いから内臓の為に良いと思えるが、此処《ここ》はくだらぬことにへたへた笑う意味であるから、締め括《くく》りがない。臓は含蓄力であるから、ひきしまらぬのは悪い。

七、愁多ければ心慴《おそ》る。
八、楽多ければ意溢《あふ》る。
九、喜多ければ志昏《くら》し。
十、怒多ければ百脈定まらず。

九など一寸誰も気がつかぬことで、なかなかきびしい。玩味《がんみ》するとなかなか味がある。

29日　呼吸

多くの人は、呼吸を吸って吐くものと思っているが、医学的には先《ま》ず吐いて吸うのが正しい。出す、排泄《はいせつ》という機能が、人間の生理では非常に大事なことだ。宿便が生命を殆《あやう》くする所以《ゆえん》でもある。

30日　気象

春には春の気象があり、秋には秋の気象がある。人間も独特の気象が出てくれば出来た人という。

自宅前の安岡夫妻（昭和四十六、七年頃）

10月

士不会三
日当刮目
相待
正篤

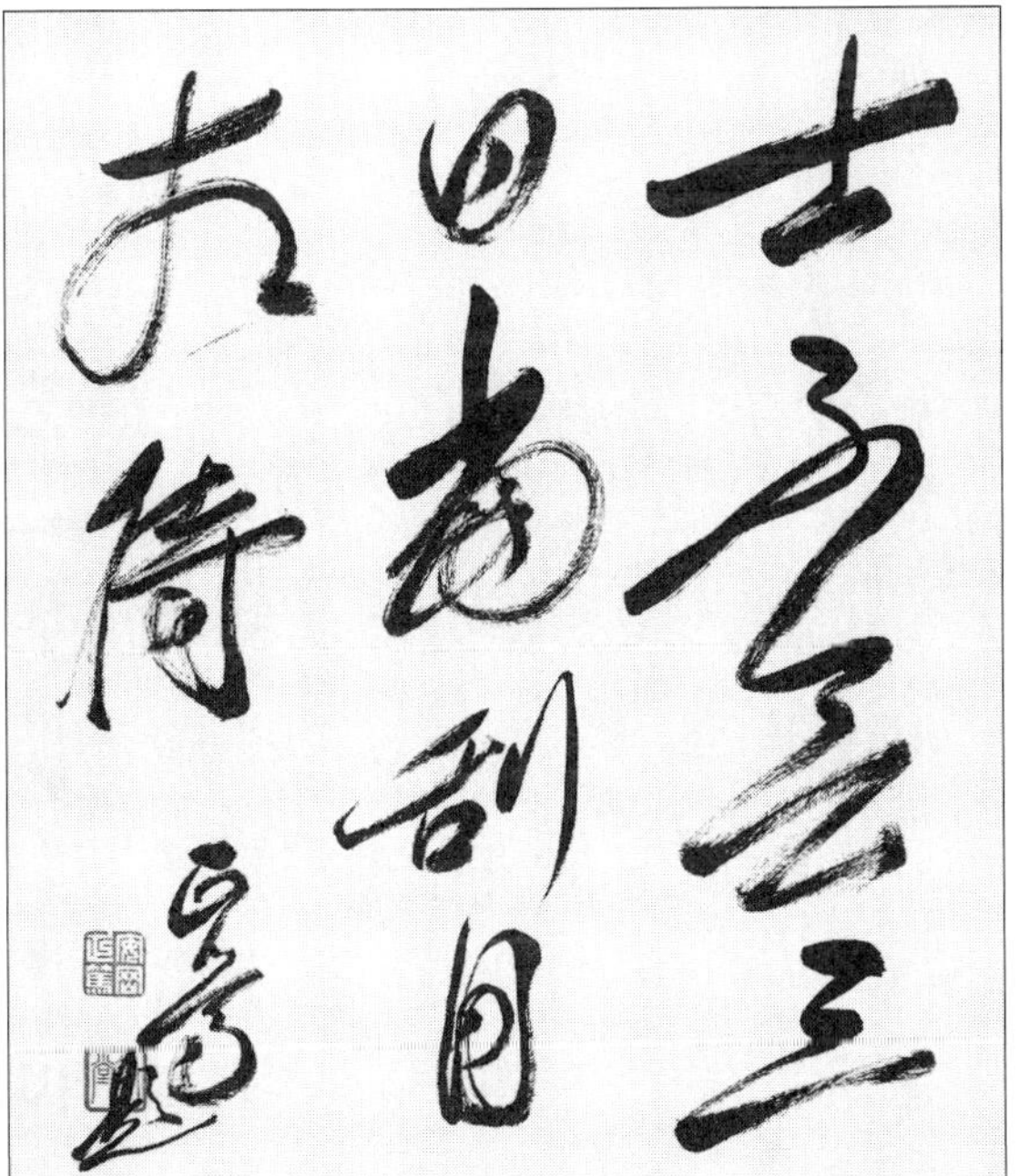

「士三日会わざれば　当に刮目して相待つべし」
——三国志の中の言葉

1日　新秋清警

一、新秋なり。暑中の惰気《だき》を一掃し、颯爽《さっそう》として清健の気を振起すべし。

一、読書の好季なり。早暁《そうぎょう》・深夜、古教・心を照し、心・古教を照すべし。

一、日新の世界なり。活眼を宇宙に放って、気宇・識見を遠大にすべし。

一、日本の危機なり。匹夫《ひっぷ》・責有るを知って、祖国と同胞の為に尽瘁《じんすい》すべし。

2日　縁尋機妙　多逢聖因

良い縁がさらに良い縁を尋ねて発展していく様は誠に妙《たえ》なるものがある――これを縁尋機妙《えんじんきみょう》という。

また、いい人に交わっていると良い結果に恵まれる――これを多逢聖因《たほうしょういん》という。

人間はできるだけいい機会、いい場所、いい人、いい書物に会うことを考えなければならない。

3日　画になる顔　①

人間は学問・修養次第で、たとえ木偶《でく》のような人間でも、風韻《ふういん》とか韻致《いんち》・気韻、或《あるい》は風格というものが出て参ります。賢者は賢者なりに、愚者は愚者なりに「趣」が出て参ります。たとえば山寺の小僧にしても、初めは如何《いか》にも泥芋《どろいも》みたいな無骨《ぶこつ》者ですが、だんだん修行を重ねてきますと、その不細《ぶさい》工《く》なぼくねんじんに、どことなく風格・風韻が出て参ります。私はよくその例に宇垣大将を出します。

4日　画になる顔　②

私もいろいろな軍人や政治家と懇意にしましたが、その中で今まで一番醜男《ぶおとこ》だと思ったのがこの宇垣大将です。頭から目、口、鼻とよくもまあこれだけ不細工な男があったものだと思われるぐらいの醜男でありました。ところがそれが全体としての一つの相になりますと、これが何ともいえぬ魅力があるのです。風格・威厳があって、いわゆる画《え》になる顔でありました。やっぱり宇垣さんの修養の致すところでありましょう。

5日 慈心と仁心

器量が大きそうに見える人で、ときどき「断」を欠く人物がある。人物は見識と勇気をもってよく断じなければ実行が立たない。特に悪を除くのに対して、気が弱く、同情心などからぐずぐずしていると、大罪悪を犯すことになる。この同情心、甘やかす心を慈心とし、これに対する大きな天地生成化育の心を仁心とし、仁心によってよく断ずることができる。

6日 才と徳

〝才〟という字は名詞では働き・能力の意だが、副詞だとわずかにという意味になる。能力というものは非常に大事なものだが、それだけではわずかなものにすぎない。〝才〟の大事さを充分に知りつつ、わずかにと訓《よ》ませることは大変なことだ。昔の人の識見の高さをみることができる。

7日　母の徳　①

世に母の徳ほど尊く懐《なつか》しいものはあるまい。

母は子を生み、子を育て、子を教え、苦しみを厭《いと》わず、与えて報《むくい》を思わず、子と共に憂《うれ》え、子と共に喜び、我あるを知らぬ。夫に添うては夫をたて、夫の陰に隠れて己《おのれ》の力を竭《つく》し、夫の成功を以て己みずから満足している。

夫や子が世間に出て浮世の荒波と戦っている時、これに不断の＊慰藉《いしゃ》と奮励とを与える者は母である。夫や子が＊瞋恚《しんい》の炎に燃え、人生の＊不如意を嘆ずる時、静かな諦観《たいかん》と久《く》遠《おん》の平和とに導く者も母である。

8日　母の徳　②

母は人間における造物主の権化《ごんげ》ではないか。誠に母の徳こそは「玄《げん》の又玄《またげん》」なるものであって、婦人は根本において必ずよき妻たり母たる人でなければならぬ。

婦人にいわゆる娼婦《しょうふ》型が著《いちじる》しく増加して、妻らしい婦人、母らしい婦人の段々なくなってゆくことは、確かに忌《い》むべき婦道の堕落である。

＊慰藉…なぐさめ　＊瞋恚…怒り
＊不如意…思うようにならない

9日 内発の力 ①

思想とか信念とか信仰とかいうものは他から与えられたものでは駄目で、個人の魂、個人の人格を通じて発してくるものでなければならない。どんな立派な理論信仰でも、それが自分の中を通じてこなければ、決して生きた力にはならない。

かの日蓮《にちれん》という人が出れば、日蓮を通じて法華経は新しく活かされ、あのような新宗教になる。しかし法華経というものは新しいものでも何でもない。

10日 内発の力 ②

親鸞《しんらん》にしても道元《どうげん》にしてもみなそうである。何も別段新しいものを拾《ひろ》ったのではない。国民の中から一人でも多く大覚者、志士、仁人が出て真剣にものを考え、行動することである。そうすれば必ずやがてそれは大きな力になり、組織になり、時勢を動かす。それよりほかに道がないのである。

11日 患難に素しては

「患難《かんなん》に素《そ》しては患難に行なう」

――病気をすると、辛いことは辛い。しかし、またその病気の中に無限の意味もあり、効用もある。快楽もある。

12日 事業は徳業なり

事業というのは、要するに人である。したがって、本当の事業は、事業でなくて「徳業」なのだ。会社の幹部になって事業を経営する人の人格、その気分、思想などが自然に集まって一つの社風というものをつくる。

13日 人間は性情の良し悪し

情緒の潤滑油《じゅんかつ》が乏《とぼ》しいせいで、知性も軋《きし》んで円通《えんつう》しない。この頃は話のわからぬ人間がふえたようである。

しがない者はしばらく置いて、ちゃんとした指導的立場にある知識人であって、とんとわけのわからぬ者が少くない。もっともマキャベリがすでに指摘しているが、人の頭には三通りある。

その一は、自分ではっきり考の立つもの、

その二は、他人の考がよくわかるもの、

その三は自分の考もなく、他人の考もわからぬもの。

他の所で、彼は又、どうせねばならぬかを自ら知る者は上の人、次は、他人の善《よ》い勧告を用いる人、最下は、自ら人に忠告するすべも知らず、又人の忠告にも従わぬ人間であることを挙げて説いている。

頭の良し悪しというが、それよりも根本的に大切なことは、やはり性情の良し悪しである。我執《がしゅう》の無い、よく人と打融《うちと》けあえる性情の人は自然に頭が良く、自分自身知見が立たずとも、賢者の意見を能《よ》く判断して用いることができるから、なまじい私見が立つより、もっと頭の良いことにもなるのである。

14日　感　動

無感動な人間ほどつまらぬものはない。よく世間で、あいつは熱がないとか、いっこうに張り合いがないと言うが、電気が伝わらないような人間は、実際つまらない。よくある無内容な人間になると、せっかくいい話をしてやってもキョトンとしている。話が通じない。これくらい情けないことはない。

人間の進歩というものは、そういうインスピレーション、感動から始まる。偉大な発明発見でも、あるいは悟りでもそうです。みんな感動がないといけない。

15日　創造的人物

創造的人物は所謂《いわゆる》知識階級からは出ない。野人《やじん》は実際の人生に生地《きじ》でぶつかる。そこに強味がある。

16日

さむらい

さむらいとは、より偉大なるものへの敬《けい》侍《じ》である。この偉大なるものに敬侍し、没我になって生きるところに、功利の世界、物質の生活から、忽然《こつぜん》として道徳の世界、精神の生活に転生することが出来る。

このゆえに武士は常に如何《いか》に生くべきかといわんより、如何に死すべきかの工夫に生きた。五十年の徒《いたずら》なる生活を犠牲にしても、尊い感激のある一瞬を欲した。この身命を喜んで擲《なげう》ちたい事業、この人の為に死なんと思う知己《ちき》の君、渾身《こんしん》の熱血を高鳴りせしむべき好敵手、此等《これら》を武士は欲した。

この躍々《やくやく》たる理想精神は凝《こ》って所謂《いわゆる》武士気質なるものとなり、頑固《がんこ》とまで考えられる信念、極端とまで驚かれる修練となったのである。

17日 人間の因襲

物にはは慣性というものがあります。人間には因襲《いんしゅう》というものがある。

同じような考え、同じような人ばかり、同じようなことを考え、同じような話をし、同じようなことを繰り返しやっておりますと、非常に単調になる。単調になると、これは人間の習慣性で、生命、精神が鈍ってくる、眠くなる。人間が眠くなると溌剌《はつらつ》たる創造性を失ってくる。

18日 しびれる

何にしびれるかによって、その人は決まる。

中江藤樹は『論語』と王陽明にしびれていた。

人間は本物にしびれなければならない。

19日 使命

人間、いかなる誘惑を受けても、いかなる迫害を受けても、最後に一つ為《な》さざるところがなければならぬ。

20日 気魄

善《よ》かれ悪しかれ気魄《きはく》がなくなってくると人間は駄目。現代人は先《ま》ず、けちけちした我執《がしゅう》、自己心、神経衰弱を打破してからでなければ、善悪共に、大したことが出来ない。

21日　風　流

人間は練れば練る程詩的になる。風流とは風が空を吹く如《ごと》く、何等為《なんらため》にする所なき自《おのずか》らな姿を謂《い》う。

22日　本心を見よ

求道者にも本物は少ない。盗賊にでも見込のある奴が居《お》る。本心を見よ。末梢《まっしょう》にとらわれるな。

23日 三上の読書

つまらぬ小説や愚論に類するものはなるべく読まぬようにすると共に、心が浄化されるような立派な書を読むべきである。

特に朝、それも一時間とは言わぬ、三十分でよい。

昔の人も枕上《ちんじょう》・馬上・厠上《しじょう》の三上の読書ということを言っておるが、私は長年必ず厠《かわや》で読むことにしておる。

厠で読むだけの時間であるから、何枚も読めるものでもないが、十年、二十年と経つと、自分でも驚くほどの量となる。

しかもこれは数量の問題ではない。その時に受けるインスピレーションというものは、到底書斎の中で何々の研究などやっておって得られるものではない。

況《いわん》やこれから安眠熟睡しようという枕のほとりにおいておやである。寝る前に週刊誌等を読むのは最も愚劣なるものである。

24日 堕落

凡《およ》そ人間が唯物《ゆいぶつ》的享楽《きょうらく》的に堕落して来ると、必然、精神的には敬虔《けいけん》を失い、破廉《はれん》恥《ち》になり、あらゆる神聖なるものの意義を疑い、人生の厳粛なる事実に軽薄厭《いと》うべき批評、否嘲笑《いなちょうしょう》を放つものである。

25日 国を亡ぼす君主

国を亡ぼす君主というものは、きまって自ら驕《おご》り、自らを知恵あるとして、人を軽《けい》蔑《べつ》するものである。

自らを驕れば人材をいい加減に取扱い、自らを知恵ありとすれば専制独裁をやる。相手を軽んずれば備えがなくなる。何事があっても、びくともしないという用意がなくなってしまう。

備えがないと禍《わざわい》を招き、独裁をやると地位が危《あやう》くなり、人材を軽んずるとすべてが塞《ふさ》がってしまう。そうして自ら亡んでしまう。

26日　三不幸

伊川《いせん》先生言う、人、三不幸あり。少年にして高科に登る、一不幸なり。父兄の勢に席《よ》って美官となる、二不幸なり。高才有って文章を能《よ》くす、三不幸なり。（『伊川文集』）

年の若いのにどんどん上へあがる。世の中はこんなものだと思ったら大間違いである。というのは修練というものを欠いてしまうことになるからで、これは不幸である。これは官ばかりではない。親のお陰で若輩《じゃくはい》が重役になったりする、みな同じことである。またいろいろのすぐれた才能があって、文章を能くする、――文は飾る、表わすということで、つまり弁が立ったり、文才があったりして表現が上手なこと――これも大きな不幸である。今日は選手万能の時代で野球とか、歌舞とか、若くてできる者にわいわい騒ぐ。これは当人にとって、大きな不幸であります。若くてちょっと小説を二つ三つ書くと、たちまち流行作家になって大威張りする。小娘がちょっと歌や踊りができると、やれテレビだ映画だ、と引っ張り出して誇大に宣伝する。つまらない雑誌や新聞がそれをまたデカデカと報道する。変態現象と言うか、実に面妖《めんよう》なことで、決して喜ばしい現象ではない。

27日 斡旋の才

真木和泉《まきいずみ》が〝斡旋《あっせん》の才〟ということを説いている。斡旋は人（事）を愛するがゆえにその人（事）によかれと世話をし、とりはからうことである。これは大事なことで、斡旋の才のある人間はひとかどの人物といってよい。政治家はこの才を本領とするものだが、必ず徳と相持つ必要がある。さもないと今の活動家のような、とかく利権屋に堕《だ》してしまう。

28日 静　和

人物・人間も、呼吸も同じことであって、人間もいろいろの人格内容・精神内容が深い統一・調和を保つようになるに従って、どこかしっとりと落ち着いてくる。柔らかい中に確《しっか》りとしたものがあって静和になる。そういう統一・調和が失われてくると鼻息が荒くなるように、人間そのものが荒くなる。ガサガサしてくる。

29日 老の境地

老は元来老いるという意味と共に、その長年月の経験と修練とより出来上る熟達の境地、なれたとか、ねれたという意味に用いられる。老手老練老酒など、悪く応用されては老獪《ろうかい》などの語に明らかであるが――若い者に免《まぬか》れない生《なま》な点や、又世間の多数者に存する通俗な型を超脱した風格、もはや一時的な刺戟《しげき》に自己の全部を動かされたり、事物の一面に捕われたり、皮相に止まるようなことはなく、能《よ》く全体を観察し、深く内面に通ずることが出来て、凡《すべ》て自主自由に観察し行動して何等《なんら》危《あぶな》っ気の無いところがある。

けばけばしい色彩はぬけてしまって、落ちついた、渋い味を持っている。

30日　生きた学問

すべて学問というものは、根から養分を吸収して、幹が出て、枝が伸びて、それが分かれて小枝、その先端に葉がつき実がなる。そしてそれが又落ちて、肥料になって、新しく芽を吹いてゆく、というように自然に伸びてゆくべきもの。自然に伸びていって、それが分裂せずに自ら一つの体系をなしてゆく。これでなければ本当の学問ではない。われわれは先《ま》ず『大学』から始まって、四書五経を教わった。それがある年齢に達した頃に、自分から面白いなあ、なる程なあと考えるようになる。

最初は与えられたものだが、だんだんそれが生命化して来て、よし、一つ儒教を勉強してみようと今度は自発的に読み出す。孔子の伝記をやるうちにどうしても孟子をやらねばいかぬ。今度は荀子《じゅんし》をやらねば気が済まぬ、というようにだんだん枝葉に分かれて来る。そうすると孫子・呉子《ごし》・韓非《かんぴ》子《し》などというものまで関連して来て、今度はそれに道楽をする。

斯様《かよう》に儒教を研究しながら、年季をかけて道楽していると、自然とあらゆる教学に入って来る。桃栗《ももくり》三年柿八年と言うが、人間の学問はやはり二十年、三十年と年季をかけて初めて生きた学問になる。

31日　人生は一篇の詩

詩の話は人生の話である。人生は創作であり一篇の詩である。人生に於《お》ける起承転結はむずかしい。

11月

龍見
黙雷
豊田老契鑑　正篤

『荘子』にある「尸居《しきょ》して龍見《あら》われ、淵黙して雷声す」より。
豊田良平氏に贈られたもの。

1日 寸陰を惜しむ

どんな忙人にでも、寸陰というものはある。

ちょっとした時間というものは必ずある。そのちょっとした時間をつかむのです。これに熟練をすれば、案外時間というものはあるものです。

寸陰を惜しんでやっていると、その寸陰が、長い時間と同じ、あるいはそれ以上の値打を生じてくる。

2日 養寿規

一、早起き、静坐《せいざ》、梅茶を服す。

二、家人に対し、温言和容《おんげんわよう》を失わず。

三、養心の書を読み、養生の道を学ぶ。

四、老壮の良友に交わり、内外の時勢に通ず。

五、凡《すべ》て宿滞《しゅくたい》を除き、隠徳《いんとく》を施《ほどこ》す。

3日　文化と文明

文化とは民族の創造力をいい、文明とはその施設外観をいう。文明が文化の重荷になって来ると、その文明は永遠の生命から云《い》えば危険だといわねばならぬ。

4日　僻

修養学問のし始めはとかく鼻についたり、仲間外れになるものが多い。之《これ》を僻《へき》と謂《い》う。

5日　自ら反る

君子は自ら反《かえ》る――「自反」ということは『論語』『孟子』の根本精神といってよい。自ら反る、自らに反る。自分で自分に反る。例えばつまずいてけがをした。「こん畜生《ちくしょう》！」といって石を蹴《け》る人間がある、そういうのはつまらない人間である。つまずいた時「ああうっかりしていた。おれもまだいけないぞ」と反省する。例えば武道の達人だったら、つまずいてひっくり返るとかいうことは決してない。物につまずいてひっくり返るなんて、これは迂闊《うかつ》のいたすところだ。修行未熟のいたすところだ。

だからそういう時には、「しまった。おれもうっかりしておった」と自ら反る。それが本当の人間である。その人は確かな人であり進歩する人だ。そこからも非常に変わってくる。

6日 立命の学

人と生まれた以上、本当に自分を究尽《きゅうじん》し、修練すれば、何十億も人間がおろうが人相はみな違っているように、他人にない性質と能力を必ず持っている。それをうまく開発すれば、誰でもそれを発揮することができる。これを「運命学」「立命の学」という。今日の言葉でいうならば「人間科学」というものだ。これが東洋哲学の一番生粋《きっすい》である。

7日 誠を尽くす

『中庸』の中に、魯《ろ》の哀公《あいこう》が孔子に政治の要心を問うたものがある。孔子はそのとき、「天下古今に通じる人の従うべき道は五つあります。

君臣・父子・夫婦・兄弟・朋友の道がこれです。尊ぶべきものとして三つの徳があります。知・仁・勇の徳がこれです。これを実践するためのものはただ一つ、誠を尽くすということです」

8日　背中が語る　①

儒は濡である。思想とか学問が単なる知識や趣味に止まらずに、身につく、体になることだ。孟子のいわゆる「面に見《あらわ》れ、背《せ》に盎《あふ》る」に至って、学問は真にその人の性命になる。

人間は面より背の方が大事だ。徳や力というものは先《ま》ず面に現われるが、それが背中、つまり後姿―肩背に盎れるようになってこそ本物といえる。後光がさすというが、前光よりは後光である。

9日　背中が語る　②

人を観るときは、前より後から観るのがよい。前はつくろえるが後はごまかせないからだ。後姿の淋《さび》しいというのは何よりもよくない。逆だと人間が出来たのだ。

10日 女性に望む

私は少年の頃幾度も故老から、もし旧幕時代に「武士の娘」という教育がなくて、あのだらしない江戸武士と、似た者夫婦の女だけであったなら、とても徳川幕府はあんなに保てなかっただろうという述懐を聞かされた記憶がある。

男性が女性に渇望する至極のものは、あくまでもゆかしい心情であって、決して知識や技術や職業的活動などではない。なまなましい現実の必要に眩惑いて、軽率に女性の男性化を促すようなことをすれば、男性や国家への協力に似て実は恐るべき荒廃に沈む。

没我の愛とそれによって輝く叡智《えいち》、こまやかな心づかい、ゆかしい礼節、そうした心情に養われた妻や母が一人でも多くあってこそ、国家は興隆し、外国も懐《なつ》くだろう。

11日 現代人の欠陥

現代人の一般的欠陥《けっかん》は、あまりに雑書を読み、雑学になって、愛読書、座右の書、私淑《ししゅく》する人などを持たない。一様に雑駁《ざっぱく》・横着《おうちゃく》になっている。自由だ、民主だということを誤解して、己《おのれ》をもって足れりとして、人に心から学ぼうとしない。これは大成するのに、もっとも禁物であります。

12日 惰眠

西洋でも東洋でもそうだが、有為有能な人に共通しておることは、〝惰眠《だみん》〟をせぬことである。

13日　人物の根本　①

人物ということはどういうことをいうのであろうか。……まず看過《かんか》することのできない根本は何か。それはわれわれの活力であり、気魄《きはく》であります。性命力（これも生の字よりは性のほうがよろしい。肉体のみでない、霊を持っているという意味で性命という）に富んでいる、つまり神経衰弱的であってはならない。意気地《いくじ》がないというのではならない、根本において肉体精神を通じて活発々たる、燄々《えんえん》たる迫力を持っている、これが大切です。

14日　人物の根本　②

一体、万有一切、光といい、熱といい、あるいは電気といい、磁気といい、すべてはエネルギーの活動であり、変化です。エネルギーが旺盛《おうせい》でなければ森羅万象《しんらばんしょう》もない。われわれも根本において性命力が旺盛でなければ、迫力がなければ、活力気魄というものがなければ、善も悪も何もない。是も非もない。活力、気魄を旺盛にする、これが一番大事であります。

15日 人に嫌われぬための五箇条

一、初対面に無心で接すること
有能な人間ほど、とかく慢心や偏見があり、どうしても有心で接する、これはいけない。
一、批評癖を直し、悪口屋にならぬこと
一、努めて、人の美点・良所を見ること
一、世の中に隠れて案外善《よ》いことが行われているのに平生《へいぜい》注意すること
一、好悪を問わず、人に誠を尽くすこと

16日 成功の条件

此《こ》れからの急務は形式的資格や功利の追求ではなく、心がけを練り、信念識見、才能を養うて、仕事の為に、家国の為に、立派に役立ってゆく人物人材の修練養成にあり、これが真の成功の条件であります。

17日 欲と道

道徳とは人間の小欲を郤《しりぞ》けて大欲を全《まっと》うすることだ。欲を離れて道はない。ただ大志あって、コセコセした小欲に拘泥《こうでい》せぬだけだ。

18日 二宿・三昧

二宿

御互に心して、二宿を去ろう。二宿とは宿便と宿慝《*しゅくとく》のこと。

いかなる医師もこれに異論はない。国運、民生も同じである。

*宿慝とはかくれた罪過の固まり。人間は結局この二宿で死ぬ。

三昧《さんまい》

お互いに三昧を心がけよう。

現代生活の一大悪弊は、諸種の散乱である。

心体寂静、邪乱を離るゝを三昧という。

一心不乱、三昧の力は偉大である。

19日 位に素して行なう

人を指導する立場にある人、いやしくもエリートたる者は「其《そ》の位に素して行なう」――自分の立場に基づいて行なう。自分の場から遊離しないで行なうものである。現実から遊離するのが一番いけない。

ところが人間というものはとかく自分というものを忘れて人を羨《うらや》んでみたり、足下《あしもと》を見失って、ほかに心を奪われる。職業人としてもそうだ。自分の職業に徹するということは、案外少ないものである。たいていは自分の職業に不満や不安をもって他がよく見える。

20日 貧の生き方

貧乏だから人の世話ができぬというのは間違っている。貧乏なら貧乏で情を尽くす道はある。むしろ富貴《ふうき》の人の形式的な儀礼より遥《はる》かに濃《こま》やかな人間味があるものだ。

21日 むすび

いかに死すべきかということは唯《ただ》、死を願う消極的な心ではない。いうまでもなく、ある偉大な感激の対象を求めて、それに向かって没我的になって行く。己《おの》れを忘れ、あるいは己れを抛《なげう》つべきある偉大なる感激の対象を得る生活であります。我々が喜んで、勇んで、己れを空《むな》しうし、己れを忘れて没入して行くような、そういう感激の対象を得ることを、大和《やまと》言葉では「むすび」（産霊）という。日本精神を最も活き活きとつかむため、日本精神の真骨頭を把握するためには、この「むすび」ということを知ることが、根本の問題であります。

22日 宗教の目的

宗教というものは、俗世間を浄《きよ》めて、民衆を正しい道に導く、即《すなわ》ち教化すべきものである。だから自ずから俗世間と離れておらなければいけない。それを民衆と同じ世界へはいってきて、そうして民衆と同じ様に利益だとか、名誉だとか、権力・支配というようなものを要求するようになると、これは民衆と同列になって争うことになるわけで、そうなると必ずその教団は堕落する。

23日 晩　年

冬になれば、「木落ち水尽き千崖《せんがい》枯れて、迥然《けいぜん》天地の眞吾《しんご》が現れる」ように、人間も年寄るに随《したが》って、容色は衰え、矯飾《きょうしょく》は廃《すた》れて、その人の真実我が掩《おお》うところなく現れてくる。『菜根譚《さいこんたん》』にも「人を看《み》るには只《ただ》*後半截《こうはんせつ》を看よ」という古語を引いているが、誠に人の晩年は一生の総決算期で、その人の真価の定まる時である。

＊後半截…後半生

24日 運を高める

人間は深い精神生活を持たなければ、本当の意味の形相・色相は養われない。結局、運というものは相に現われ、相がよくなれば運もよくなる。しかし運をよくしようと思えば、結局、心を養わなければならない。心を養うということは学問をすることで、したがって、本当の学問をすれば人相もよくなり、運もよくなる。すべてがよくなる。運も相も結局は学問にほかならないのである。学問・修養すれば自ずからよくなる。そこで昔から本当の学者聖賢は、相や運の大事なことは知っておるけれども、敢《あえ》てそれを説かなかった。

25日 悟りとあきらめ

内容の有無、高低、深浅の差はあるが、五十の頃は知命の時候である。聖人に於《お》いては悟りと云《い》い、常人に於てはあきらめと為《な》す。

26日 敏の本義

自分の人生を美しくするために、仕事のために、友人のために、世の中のために、できるだけ気をつけよう、役にたとう、まめにつくそうと心身を働かすことが敏の本義である。ひらたくいえば、いつも怠りをしないでいつもきびきびしている。その代わり世間のくだらんことにはずいぶんと怠けてもよろしい。

27日　五医

一、小欲医惑
欲を少なくして惑《まどい》を医《いや》す

二、静坐医躁
静坐して躁《そう》（がさつさ）をいやす

三、省事医忙
事を省いて忙をいやす

四、択友医迂
友をえらんで迂《う》（にぶさ）をいやす

五、読書医俗
書を読んで俗をいやす

28日　魂の感動

いくら科学を研究しても、安心立命が得られるわけではない。あるいは自己を喪失することもあろう。魂の感動に基づかなければ真の生命を得ることはできない。

29日 ひらめく

書を読むの際は、生きた人生に連想が及ぶことが必要だ。それを頭がひらめくと云《い》う。学問が身についてきた証拠だ。

30日 海老

海老《えび》は永遠の若さを象徴しているというので、めでたいものとされる。というのは、あれは生ける限り何時《いつ》までも殻を脱《ぬ》ぎ、固まらない。ことに万物がぼつぼつ固くなる秋に、彼は殻を脱する。生ける限りよく殻を脱いで固まらぬ、いつまでも若さを失わない、よく変化していくという意味で、海老はめでたい。

自己の殻、学問の殻、仕事の殻、会社に入れば会社の殻、役所に入れば役人の殻から、なかなか脱けられぬものであります。これが脱けきらぬと、人間が固まってしまう。

講演会の模様。会場の張り詰めた緊張感と熱気が伝わってくる。

12月

自処超然　処人藹然
有事斬然　無事澄然
得意澹然　失意泰然
六然　崔後渠
正篤

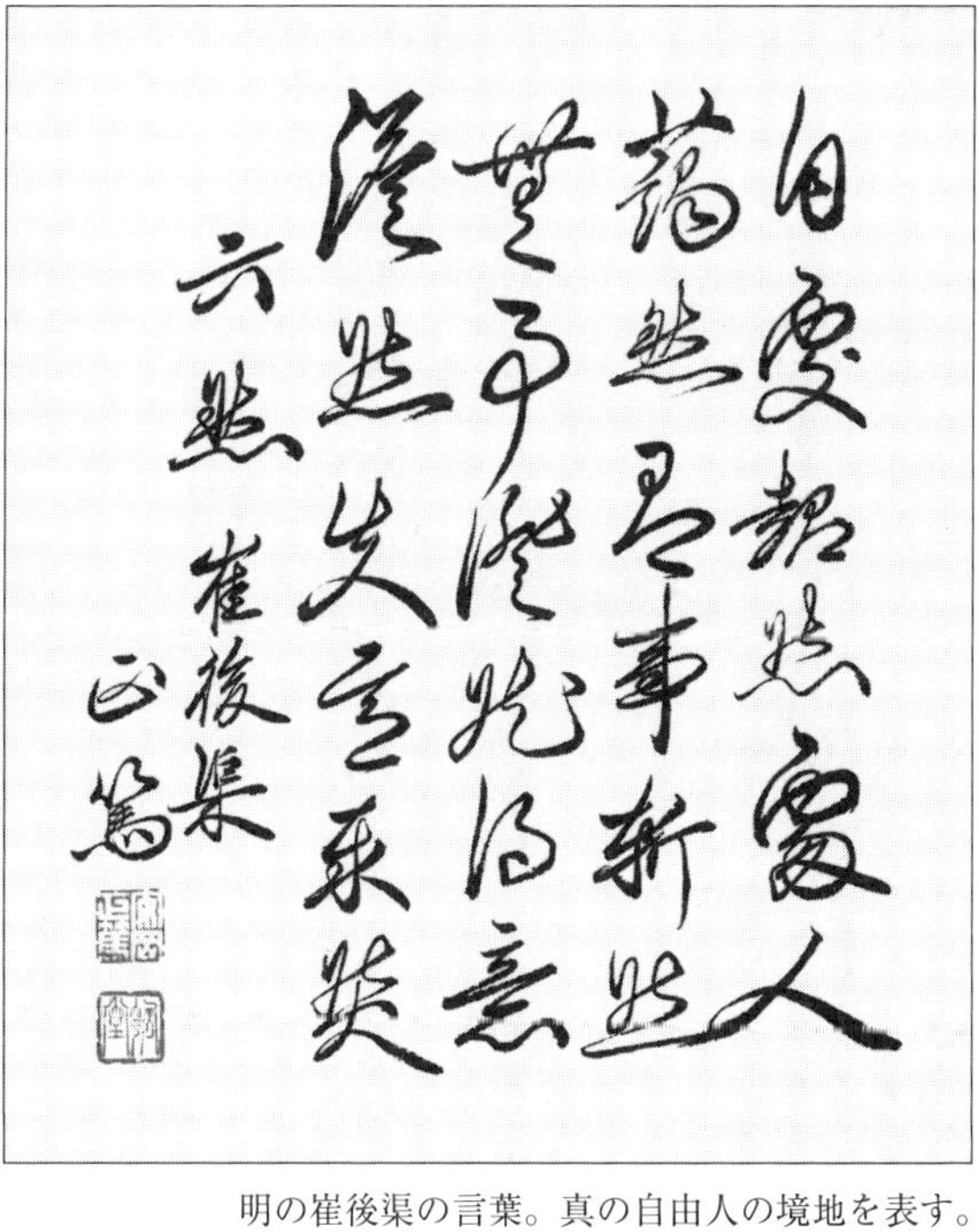

明の崔後渠の言葉。真の自由人の境地を表す。

1日 始終訓

一、人の生涯、何事によらず、もうお終《しま》いと思うなかれ。未《いま》だかって始めらしき始めを持たざるを思うべし。

一、志業は、その行きづまりを見せずして、一生を終るを真実の心得となす。

一、成功は、一分の霊感と九分の流汗に由《よ》る。退屈は、死の予告と知るべし。

2日 黙養

明の李二曲《りにきょく》は〝黙養〟の修行をした。べらべら口をきかない、ついには「三年軽々しく一語を発せざる」に至るという。黙するということは内に力を蓄えることだ。かくして発せられた言は人を信服させるに足る。自然においては静寂、人においては沈黙がよいものだ。

3日　古賀穀堂の「自警」①

「屈辱、坎壈《かんらん》（志を得ないこと）、薄命、数奇（ふしあわせ）、千辛万苦皆天命に任す。恬熙《てんき》（世が太平無事）、楽易《らくい》（安らかにたのし）、従容《しょうよう》自得し、分に安んじて固窮《こきゅう》（天命に安じて他を求めぬ）し、心広く体胖《ゆた》かに縲絏鞭《ゆいせつべん》笞《ち》も辱と為すに足らず、絶食無衣も其《そ》の楽、余《あまり》有り（論語、君子固《もと》より窮す、小人窮すれば斯《ここ》に濫《らん》す）、然《しか》りと雖《いえど》も宇宙を包括し、天地を震動するの心未だ嘗《か》って頃刻《しばらく》も忘れず」。

4日　古賀穀堂の「自警」②

人生航路に於《おい》て辱《はずかしめ》を受けたり、運命に恵れなかったり、因果に支配されても、総《すべ》て天命と受とめよ。食う物、衣る物のない貧乏生活であっても、楽しみをその中に見出せ。宇宙を包み、天地を動かす壮志だけは暫《しば》らくも忘れない。

5日 人生は心がけと努力

人間はできるだけ早くから、良き師、良き友を持ち、良き書を読み、ひそかに自ら省み、自ら修めることである。人生は心がけと努力次第である。

6日 自修自立

理想精神を養い、信ずるところに従って生きようとしても、なかなか人は理解してくれないし、いわゆる下流だの凡庸《ぼんよう》だのという連中は往々《おうおう》にして反感を持ったり、軽蔑したりする。

そういう環境の抵抗に対して、人間が出来ていないと、情けないほど自主性・自立性がなくって、外の力に支配される。

けれども本当に学び、自ら修めれば、そして自らに反《かえ》って、立つところ、養うところがあると、初めてそれを克服していくことができる。

7日　人間の根本問題　①

「君子入るとして自得せざるなし」――自得ということは自ら得る、自分で自分をつかむということだ。人間は自得から出発しなければならない。金が欲しいとか、地位が欲しいとか、そういうのはおよそ枝葉末《しようまつ》節《せつ》だ。根本的・本質的にいえば、人間はまず自己を得なければいけない。本当の自分というものをつかまなければならない。

8日　人間の根本問題　②

ところが人間いろんなものを失うが、何が一番失いやすいかというと自己である。人は根本において自分をつかんでいない。空虚である。そこからあらゆる間違いが起こる。

人間はまず根本的に自ら自己を徹見する、把握する。これがあらゆる哲学、宗教、道徳の根本問題である。

9日 貴老

人間は生ける限り、常にぼけないで、なるべく有意義なことに興味を持ち、道理を尋ね、情熱を抱き続けることが肝腎《かんじん》である。

不老長生とは徒《いたずら》に年を取ることではない。いつまでも生きる限り、ぼけないで、人生に興味を持ち、情熱を抱き続けて勉強することである。

老人に対して貴老と呼ぶ。好い語である。老人はいつまでも愚老になってはいけない。文字通り貴老でなければならぬのである。

10日 終りを全うする

宇宙が永遠であるように、人生も永遠でなければならん。

永遠であるということは、その途中を受け継いでゆく人がよく終りを全《まっと》うしてゆくということであります。

終りを全うしなければ、次の者は始めることができません。

従って終りを全うするということは、どこまでも続けてゆくということであり、よく永遠であるということに外ならない。

11日　素心規

一、禍が福か、福が禍か、人間の私心でわかるものではない。長い目で見て、正義を守り、陰徳を積もう。

二、窮困に処するほど快活にしよう。窮すれば通ずる、又通ぜしめるのが、自然と人生の真理であり教である。

三、乱世ほど余裕が大切である。余裕は心を養うより生ずる。風雅も却《かえ》ってこの処に存する。

四、世俗の交は心を傷《いた》めることが少くない。良き師友を得て、素心*の交を心がけよう。

五、世事に忙しい間にも、寸暇を偸《ぬす》んで、書を読み道を学び、心胸を開拓しよう。

六、祖国と同胞の為に相共に感激を以《もっ》て微《び》力《りょく》を尽そう。

＊素心…利害や意見や年齢や地位身分など、そういう様々な世間の着色に染まぬ生地のままの純真な心を素心という。

12日 憂いが人物をつくる

人間は憂《うれ》えなければ人物が出来ない。何の心配もなく平々凡々幸福に暮らしたのでは、優という文字の真義からくる〝優秀〟とはいい難い。憂患を体験し、悩み抜いてきて初めて、人物も余裕も出来てくる。

13日 東洋的虚無感

小人の常として、財産・地位・名誉など何かしら有する所があると、自分自身が偉いような錯覚に陥る。しかし本質的には何ものをも加えてはいない。心あらばむしろ省《かえり》みて自己の本質的な欠陥を覚《さと》る。この心を徹すれば、東洋的虚無感に通ずる。

14日　六　然

自処超然《ちょうぜん》（自ら処すること超然）
　自分自身に関してはいっこう物に囚《とら》われないようにする。
処人藹然《あいぜん》（人に処すること藹然）
　人に接して相手を楽しませ心地良くさせる。
有事斬然《ざんぜん》（有事には斬然）
　事があるときはぐずぐずしないで活発にやる。
無事澄然《ちょうぜん》（無事には澄然）
　事なきときは水のように澄んだ気でおる。
得意澹然《たんぜん》（得意には澹然）
　得意なときは淡々とあっさりしておる。
失意泰然《たいぜん》（失意には泰然）
　失意のときは泰然自若《じじゃく》としておる。

　私はこの〝六然《りくぜん》〟を知って以来、少しでもそうした境地に心身を置きたいものと考えて、それとなく忘れぬように心がけてきたが、実に良い言葉で、まことに平明、しかも我々の日常生活に即して活きている。

15日　身心摂養法　①

身心摂養法《しんじんせつよう》の第一着手は心を養うことです。心を養うには「無欲」が一番善いと古人が教えて居《お》ります。これを誤って我われが何にも欲しないことと寒巌枯木《かんがんこぼく》的に解しては、とんでもないことです。それならば死んでしまうのが一番手っ取早い。ぼけて、しまうのも好いことになる、そういうことを無心とか無欲とかと云《い》うのではない。それは我われの精神が向上の一路を精進する純一無雑の状態を言うので、平たく言えばつまらぬことに気を散らさぬことです。

16日　身心摂養法　②

我われの精神は宇宙の一部分であり、宇宙は大きな韻律です。随って我われの精神もやはり潑剌《はつらつ》として躍動して居《お》らなければなりません。

17日　時務

事務のほうは基礎さえあれば、多分に機械的に済むことであるが、時務のほうは、時という文字が示す通り、その時・その場・その問題に対して、その人間がいかに為《な》すべきかという活《い》きた問題だから、どうしてもその根本にその人の教養・信念、識見、器量というものが大切になってくる。教養や識見がなければ真実は見抜けない。それには多くの学問を学ばなくてはならない。

18日　多岐亡羊

多岐亡羊《たきぼうよう》ということがある。これは羊を飼っておった人が羊を逃がした。そこで慌てて追いかけた。隣り近所の人も一緒になって追っかけてくれたが、あんまり岐路《えだみち》が多い。いわゆる多岐である。岐路が多くって、あっちへ行ったこっちへ行ったと言っているうちに、どっかに行っちまってわからなくなった。人間もそういうもので、あんまり仕事が多くなると、肝腎《かんじん》なものがどこに行ってしまったかわからないようになる。人間というものの本質、人間の使命、人間の幸福、そういったものがわからなくなってしまうのである。

19日

悠久無限

天地は悠久である。造化は無限である。したがって、人間も久しくなければいけない。物を成してゆかねばならない。それは仁であり、忠であり、愛であるが、それを達成してゆくものは、忍である。

20日

俗を楽しむ

人間は俗生活をしておればおるほど、その中に俗に動ぜざるもの、俗に汚れざるものがなければならない。それで初めて俗を楽しむこともできる。

21日　六験

一、**之《これ》を喜ばしめて以《もっ》て其《そ》の守を験《ため》す**

人間は嬉しくなると羽目を外す。しかし、人間には守らねばならない分とか節がある。それを喜ばされたくらいで外してしまうようでは人間として落第です。

一、**之を楽しましめて以て其の僻《へき》を験す**

喜びの本能に理性が伴うと、これを楽という。人間は楽しむと、どうしても僻する。かたよる。すると公正を失って物事がうまくいかない。

一、**之を怒らしめて以て其の節を験す**

人間はどんなに怒っても、締まるところは締まり抑えるところは抑えなければいけません。

一、**之を懼《おそ》れしめて以てその特(独)を験す**

人間、恐れると何かに頼りたくなって一本立ちができなくなる。

一、**之を哀しましめて以て其の人を験す**

人間は悲しいときにその人のすべてがあらわれる。人物をみるのは哀しませるのが一番です。

一、**之を苦しましめて以て其の志を験す**

苦しいことにぶつかると、ついへこたれがちになる。志とは千辛万苦に耐えて自分の理想を追求してゆくことである。よく苦しみに耐えて理想を追求してゆく人間なら間違いはない。

22日 誠は天の道 ①

宇宙人生は天の自慊《じけん》的創造である。自己を実現しつつある努力である。

この絶対自慊にして、何等《なんら》他に俟《ま》つ所を求めない生々化育の努力を「誠」と謂《い》う。

誠は天の道である。誠に由《よ》って萬物《ばんぶつ》があり、誠がなければ物もない。人は、此《こ》の誠に由って生き、禽獣《きんじゅう》と異って自覚を生じ、誠の誠なる所以《ゆえん》を体認して之を発揮するようになる。

これを「誠之」といい、所当然の道とも謂う。

23日 誠は天の道 ②

然《しか》し我々は次第に天地人間から分隔して（これも実は偉大な創造分化なのであるが）己私に執着して誠に叛《そむ》き易い。その為に折角の性を傷《そこな》って天と断つの不明に陥った。

そこに諸々の悪が蔓《はびこ》る。「唯《ただ》天下の至誠のみ能《よ》く性を尽すことを為《な》す」である。

24日　挨　拶

「好い年をして、挨拶《あいさつ》もろくに出来ん」と昔の人はよく言ったが、今日は若い者に限らず、年寄りまでが一向にその挨拶が出来なくなってしまった。それでいて、やれ思想がどうの、平和がどうのと偉そうな口をきく。そういうことでは駄目だ、というのが儒教や禅の根本精神であります。

25日　内　訟

内訟とは自分の煩悩《ぼんのう》を自分の良心に訟《うった》えることである。

26日 三宝

老子にいわゆる「老子三宝の章」という有名な一章があります。

我に三宝あり。(持して之《これ》を保つ。)一に曰く慈。二に曰く倹。三に曰く敢《あえ》て天下の先とならず。慈なり、故に能《よ》く勇。倹なり、故に能く広し。敢て天下の先とならず、故に能く器の長と成る。今慈を舎《す》てて且《かつ》勇に、倹を舎てて且広く、後《おく》るを舎てて先んぜば、死せん。

我に三宝あり。第一に慈。第二に倹。第三に人を先にやる。世間の人間は先頭になろうとして争うが、そういうことをしない。慈愛があるから勇気が出る。

倹、つまりくだらぬ私心私欲に関心がないから心が広い。愚人俗人と競争などしないから自然に大物になる。今これに反して、慈愛を捨てて勇に、倹約におかまいなく、あれもこれもとなり、人を先にやることを捨てて己《おのれ》が先に立てば、生を失ってしまう。その通りですね。今日のような到るところ矛盾《むじゅん》・衝突・混乱の社会になったというのも、要するに人間が慈を捨て倹を捨て省を捨てて功利に走ったからでありまして、こういう社会に生きておると、本当に肉体的にも生命的にもだんだん病的になってまいります。

27日　「孝」という字

人間は進歩しようと思えば、統一がなければならない。教育とは何ぞやと言えば、つまるところは先輩・後輩と長者・少者の連続・連結の役目をなすものでなければならない。

要するに孝という字は、単に親を大事にして、親に尽くすという意味だけではなくて、親子・老少、先輩・後輩の連続・統一を表わす文字である。そういうことを知って孝経や論語を読むと、限り無い教訓がその中に含まれておることがよくわかる。

28日　お蔭を知る

本当にわれわれの存在というものは、究明すればするほど種々のお蔭によって在る。天地のお蔭、国家や社会のお蔭、親や師友のお蔭。この計り知ることの出来ないお蔭をしみじみと感じとり認識する、これが所謂《いわ》ゆ《ゆる》る恩を知るということであります。そこではじめて理性や感情を持った人間になるのであります。

29日 大器量人

器量は多くの人間を包容できることだが、これもただできるだけではダメで、それをちゃんと是非善悪を見分けて使いこなしてはじめて本当の器量と言えるので、それのできる人を大器量人というわけである。

30日 大器晩成

大器晩成という言葉があるが、人は自然が晩成した大器だ。（高等動物の中で）一番後で作ることに成功した。まあ、大器といってよい。まさに大器晩成で、大自然という偉大な創造者が何十億年もかかってやっと作ったもの。だから、自然の法則は人間においても同じく、人間は、早成する、早く物になるというほど危ないことはない。

人間もなるべく晩成がよい。まあ、死ぬ頃なんとか物になるというくらいの覚悟でぼつぼつやるがよい。

31日 萬燈行

内外の状況を深思しましょう。
このままで往けば、日本は自滅するほかはありません。
我々はこれをどうすることも出来ないのでしょうか。
我々が何もしなければ、誰がどうしてくれましょうか。
我々が何とかするほか無いのです。
我々は日本を易《か》えることが出来ます。
暗黒を嘆くより、一燈を点《つ》けましょう。
我々はまず我々の周囲の暗《やみ》を照す一燈になりましょう。
手のとどく限り、至る所に燈明《とうみょう》を供えましょう。
一人一燈なれば、萬人萬燈です。
日本はたちまち明るくなりましょう。
これ我々の萬燈行であります。
互に真剣にこの世直し行を励もうではありませんか。

あとがき

寸言こそ人を感奮興起《かんぷんこうき》させる――と安岡正篤先生はよく言われました。

安岡先生の全著作の中から心に沁《し》みる言葉を抽出、安岡先生のご次男・安岡正泰氏の監修をいただいてここに一冊の書としてまとめたのは、まさに人と言葉の感奮興起の出合いを期待してのことにほかなりません。

弊社は昭和五十三年に『致知』という人間学の雑誌を創刊、以来、安岡先生の教えを旨とした編集に努めてきました。それだけに安岡教学の精神を凝縮した一冊を編み出すことは、かねてからの念願でもありました。それがここに三百六十六の語録となって実ったことは、大きな喜びとするところです。

家貧《ひん》にして未《いま》だこれ貧ならず

道貧にして人を愁殺《しゅうさつ》す

という禅語があります。

家の貧しいのはまだ本当の貧ではない。道を求める心がなくなった時が本当に憂《うれ》うべき貧しさであり、その時に人は滅ぶということでしょう。

本書の寸言が呼び起こす感奮興起を糸口に、人間学の学びの道に歩み入る士の一人でも多からんことを願って止みません。

なお、柏木孝之、柳澤まり子、小鶴知子の編集スタッフ三君の本書に注いだ熱と労を多とし、感謝の意を表します。

平成十八年　五月晴れの日に

発行人記す

〔主要参考図書〕

〈安岡正篤氏の著作〉
朝の論語（明徳出版社）
いかに生くべきか・東洋倫理概論（致知出版社）
運命を創る（プレジデント社）
運命を開く（プレジデント社）
易と人生哲学（致知出版社）
王道の研究・東洋政治哲学（致知出版社）
王陽明研究（明徳出版社）
活学（関西師友協会）
活眼活学（ＰＨＰ研究所）
経世瑣言（致知出版社）
心に響く言葉（ＤＣＳ）
師友の道（全国師友協会）
照心語録（致知出版社）
呻吟語を読む（致知出版社）
身心の学（黎明書房）
人生の大則（プレジデント社）
人生、道を求め徳を愛する生き方・日本精神通義（致知出版社）
人物を修める・東洋思想十講（致知出版社）
人物を創る（プレジデント社）
新編　日本の父母に（全国師友協会）
青年の大成（致知出版社）
先哲講座（致知出版社）
禅と陽明学（プレジデント社）

知命と立命（プレジデント社）
天地にかなう人間の生き方（致知出版社）
東洋宰相学（福村出版）
東洋人物学（致知出版社）
日本精神の研究（致知出版社）
人間学のすすめ（福村出版）
人間をみがく（ＤＣＳ）
人間を磨く（日新報道）
百朝集（福村出版／関西師友協会）
安岡正篤　郷研清話（㈶郷学研修所）
陽明学入門（福村出版／明徳出版社）
立命の書「陰騭録」を読む（致知出版社）
老荘思想（明徳出版社）

〈その他〉
安岡正篤　人生の法則／平岩外四・林繁之（致知出版社）
安岡正篤　人と思想（致知出版社）
安岡正篤「やりたいこと」を必ずやり遂げる生き方／寺師睦宗（三笠書房）

安岡正篤（やすおか・まさひろ）
明治31年大阪市生まれ。大正11年東京帝国大学法学部政治学科卒業。昭和2年（財）金学院、6年日本農士学校を設立、東洋思想の研究と後進の育成に努める。戦後、24年師友会を設立、政財界のリーダーの啓発・教化に努め、その精神的支柱となる。その教えは人物学を中心として、今日なお日本の進むべき方向を示している。58年12月死去。著書に『日本精神の研究』『いかに生くべきか——東洋倫理概論』『王道の研究——東洋政治哲学』『人生、道を求め徳を愛する生き方——日本精神通義』『経世瑣言』『安岡正篤人生信條』ほか。講義・講演録に『人物を修める』『易と人生哲学』『佐藤一斎「重職心得箇条」を読む』『青年の大成』『活学講座——学問は人間を変える』『洗心講座——聖賢の教えに心を洗う』『照心講座——古教、心を照らす　心、古教を照らす』などがある（いずれも致知出版社）。

〈監修者略歴〉
安岡正泰（やすおか・まさやす）
昭和6年東京都生まれ。安岡正篤氏の次男。31年早稲田大学第一法学部卒業。同年日本通運㈱に入社。平成元年取締役就任。平成3年常務取締役、5年常務取締役中部支店長、7年退任。日本通運健康保険組合理事長、（公財）郷学研修所・安岡正篤記念館理事長などを歴任。令和3年死去。著書に『「為政三部書」に学ぶ』（致知出版社）がある。

安岡正篤一日一言
——心を養い、生を養う——

平成十八年六月二日第一刷発行
令和六年九月三十日第二十四刷発行
著者　安岡　正篤
監修者　安岡　正泰
発行者　藤尾　秀昭
発行所　致知出版社
〒150-0001 東京都渋谷区神宮前四の二十四の九
TEL（〇三）三七九六—二一一一
印刷　㈱ディグ　製本　難波製本

ISBN978-4-88474-746-6 C0095
ホームページ　https://www.chichi.co.jp
Eメール　books@chichi.co.jp